だいわ文庫

こころのおそうじ。

読むだけで気持ちが軽くなる本

たかた まさひろ

大和書房

この本を手に取ってくれたあなたへ

「生きづらさ」に苦しんでいる方々のために、この本を書きました。まえがきを書くにあたって、何か気のきいた言葉でも、と思ったのですが、やはり具体的、実践的なことから始めることにします。

私が腹を立てたり、落ち込んだりしたときに行う気分転換の方法です。以下は、まったく架空の物語です。

『私が小学校に上がったばかりのころの話です。

私は友達と川辺で遊んでいて、足を滑らせ、川に転落してしまいました。友達が大声で助けを呼んでくれ、たまたま近くを通りかかった男性が、川に飛び込んでくれました。

しかし、その男性は、まったくのカナヅチだったのです。折からの大雨で川は増水しており、男性は必死で私を岸辺に救い上げた後、力尽きて流され、亡くなってしまいました。

男性は当時、二十五歳。結婚を三ヶ月後に控えて、幸せの絶頂の中、自らの命もかえりみず、私を助けてくれたのです。

以来、私は、男性の毎月の命日には、かかさずお墓参りをしています』

私は、心がふさいだとき、この話を本当に自分の身の上に起こったことだと想像します。そのたびに胸が熱くなり、くだらない悩みや怒りなど簡単に吹き飛んでしまいます。

もし、自分の命が、誰かの命と引き替えに得られたものだとしたら……。今、生きて呼吸をしているというだけで、感謝と喜びの気持ちでいっぱいになります。

人に嫌なことを言われた、恋人が自分に気を遣ってくれない、仕事がつまらない、友人の態度が気に入らない……。そんなことでいちいち苛立ったり落ち込んだりしていることが、バカバカしく思えてきます。

もともと死んでいたのだと思えば、人生に起こることのすべてが授かりものです。奇跡のような幸運で救われた命に感謝し、いかにそれを活かすかということだけを考えて生きればよいのだと、心がスーッと軽くなります。

誤解を恐れずに言えば、私たちが日頃抱いている悩みというもののほとんどは、「どうでもいいこと」なのです。こだわるから苦しいのです。

「世の中も他人も、自分の思い通りになるべきである」と考えているから、思い通りにならないことに腹が立つのです。

悩みが解決されるのは、外部の障害が取り除かれたときではなく、自分がその障害へのこだわりを捨てたときです。

楽しいこと、明るいことに目を向けていれば、くだらない悩みや怒りなど、どうでもよく思えてくるのです。

生きる目的がわからない。自分に自信がもてない。他人にどう思われているかが気になって仕方がない。そういう方々もぜひ、この架空の物語を自分にあてはめてみてください。

自分はどういう人生を歩みたいのか。

心の奥から、抑えきれないほどの衝動が湧き上がってくるでしょう。

＊

私はかつて、「自分が自分でないような感覚」に悩まされていました。世の中のすべてが虚しく、自分の人生を生きているという実感もなく、ただ毎日が作られた映画を観ているようでした。

幸せとは何か。人は何のために生きているのか。人を愛するとは、自分を愛するとは、どういうことか。いくら考えても答えは見つからず、焦り、悩み、途方に暮れていました。

そんな私にとって、目覚めるきっかけになったのは、「書くこと」でした。その楽しみを見いだしてから、自分でも信じられないほどに、生きている実感が心の底から噴き出してきました。

「こころ」について語るのは、とても恥ずかしいことです。自分自身をあからさまにさらけ出すことになるからです。

この本に悪い例として挙げられているのは、すべて、かつての私自身です。裸を見られているような気分で、とても恥ずかしいです。それでも、書き終えた後は、すっきりとした爽快感が胸を吹き抜けました。

自分の心を素直に認めるのは、とても勇気のいることですが、いったん認めてしまえば、とてもすがすがしい。これが、この本を通して私が訴えたいことです。

幸せは、手に入れるものではなく、自然に自分の内側から生じるものであることを知りました。抑えようとしても抑えきれないくらいに、湧き上がってくるものなのです。

出口の見えない暗いトンネルの中でさまよい、苦しみもがいて空回《から》りばかりしていたあの頃はいったい何だったのかと、今となっては、過去の自分にあきれかえるばかりです。

幸せとは、「はっきりと自分の心に目覚めている状態のこと」だと言ってもよいでしょう。

しかし、これを言葉で表そうとしても、難しいものです。

この本を読まれた方が、「本に書いてあったから」という理由で、その通りに実行しても、それは真の実りとはならないでしょう。

目覚めるためには、自分の意志で目覚める以外にない、としか言いようがないのです。形のあるものを手に入れる必要はありません。ただ、ものごとの受け止め方を変えればよいだけです。

かつての私は、「希望をもち続ければ、いつかきっと願いはかなう」などというお定まりの教訓を垂れる人に対して、嫌悪感を抱いていました。

そんなことを言うのは、たいてい、自分自身が人生で成功をおさめた人です。自分が幸せだからって、人を見下すような言い方をするな。自信がもてずに苦しんでいる人の気持ちなんか分かるものか。そう反感をもっていました。


それを承知の上で、私は今、あえて断言します。

人は誰でも、幸せになれます。

真剣に、純粋に、そう思うのです。信じてくださる方がひとりでもいるなら、一途にそれを訴えたいのです。


この本で、他人を救おうなどと大それたことは考えていません。ただ、希望を見いだすほんの小さなきっかけにでもなれば、と願うばかりです。

きっかけさえつかめれば、後は、見えない力に背中を押されているように、自然に前へと進んでいけるものなのです。誰でも、その力をもっているのです。

自分を信じて、この本のページをめくってください。

こころのおそうじ。

読むだけで気持ちが軽くなる本

…………もくじ

第1章　こころがスーッと軽くなるいくつかのヒント

第2章 人付き合いにストレスを感じる 他人とうまく付き合えない

……こころのほこりをとる

第3章　誰からも愛されない不安
自分に自信がもてない
……こころがくもっているとき

第4章　すぐにイライラ、不機嫌になる　毎日不満だらけ

……こころがちらかっているとき

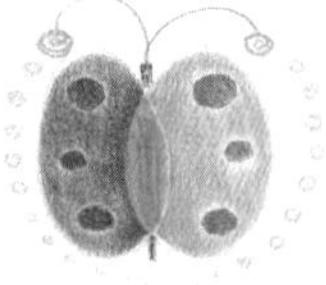

第5章　幸福と不幸の境い目はどこにあるのだろう

こころのおそうじ。

第1章

こころがスーッと軽くなるいくつかのヒント

STEP 1
自信がもてるかもてないか

画家のピカソは、独創的な画風で有名ですが、はじめからあのような表現方法を用いていたわけではなく、若いころは、基本に忠実な写実的デッサンを数多く残しています。

基本のデッサンを極めたからこそ、既成の枠に飽きたらなくなり、あの独創的な表現に行き着いたのです。

アインシュタインは、ニュートン力学という礎《いしずえ》があってこそ、それを超える理論を打ち出すことができました。

大リーガーのイチロー選手は、バントなどの基本練習をほかの人の何倍も行ったそうです。

基礎の土台がしっかりしていなければ、既成の枠をはみ出すことはできません。

「高い理想をもつ」、「不可能に挑戦する」などという言葉は、聞こえはよいですが、できもしないことを望んで、かえって自信を失ってしまっては、なんにもなりません。

できないことに挑戦するのは、できることをやり尽くしてからでいいのです。いいえ、できることをやり尽くしていない人は、それ以上のことなどなしえません。

人付き合いに自信がもてない人にかぎって、理想は高く、「よどみなく楽しい会話を続けることができ、誰からも慕われる人気者」になりたいと願っています。そして、「それができない自分はダメな人間だ」と自信をなくし、恥をかくくらいなら誰とも付き合わないほうがましだ、と心を閉ざしてしまいます。極端から反対の極端に走ってしまうのです。

友人の輪に入れない、好きな異性の前で緊張して何も話せない、という人は、自分を格好よく見せようとしすぎなのです。高い理想を描きすぎ、「いつも明るく、楽しく、気の利《き》いた会話ができなければ、他人に受け入れてもらえない」と思い込んでいるのです。

まず簡単にできること、たとえば、にっこり笑って挨拶するだけなら、深く考える必要もありません。

「おはよう」、「ありがとう」という言葉は、誰が言っても同じことで、口下手な人でも、誰にでもできることです。そういうことから始めればよいのです。

あるテレビ番組で、友人ができないと悩んでいる若者が、「明石家さんまさんのようにしゃべれるようになりたい」と言っていたのには、驚きました。そんなことは、おそらく、誰にも不可能なことです。

友人をつくりたければ、面白いことを話そうとする前に、まず、何気ない会話を心を込めて話すことを心がけなければなりません。

話すことが苦手なら、聞き役に徹しましょう。相手にとって、「話を聞いてくれる人」は、ありがたい存在のはずです。他人の話を真剣に聞くだけでも、充分に感謝されます。

やがて慣れてきて、聞くだけではなく、自分も話したいと思うようになったら、話せばよいのです。

明石家さんまさんは、話し上手であると同時に、聞き上手です。他人の話をとてもおもしろそうに聞くので、相手も楽しく話すことができるのです。

理想的な自分をイメージすることは悪いことではありませんが、高すぎる理想にとらわれて、足踏みをしたまま現実とのギャップに苦しんでいたのでは、何のための理想かわかりません。

ライオンは、カバが泳げることをうらやみませんし、キリンの首の長さを妬みません。

「できないことに悩む」前に、「できることはすべてやる」ということを考えてください。

自信がもてるかもてないかは、「できること」と「できないこと」のどちらに意識を傾けるか、によって決まります。

できることをやり尽くして、それでも物足りなければ、できないことに挑戦すればよいのです。「できることをやり尽くす」ことさえ、並大抵のことではないでしょう。

STEP 2

「不運」と「不幸」を区別する

ある心理学の本に、「人間は、明るくなければ幸せになれない」と書いてありました。

こう言われると、内向的な性格の人は、反発を感じるかもしれません。

しかし、人は誰でも、明るい性格に変わることができるのです。

「明るい人」とは、よくしゃべる人のことではありません。耳が不自由な人は皆、暗い性格なのかというと、けっしてそんなことはありません。

うるさいほどに話し好きでも、ひねくれた性格の人もいますし、もの静かでも、生き生きとした毎日を送っている人もいます。

人間の明るさとは、物ごとのとらえ方、現実の受け止め方によるのです。

明るい人と暗い人の違いは、実際に起こった出来事のよしあしによって決まるのではありません。

「自分には不運な出来事しか起こらないから、暗い性格になってしまったのだ」と考えている人がいたら、それは間違いです。

苦しみは、「思うがままにならない」という気持ちから生まれます。すなわち、「自分の思い通りにならなければ気がすまない」というごう慢さが苦しみを生み出すのです。


人生は、思い通りにならなくて当たり前なのです。

明るい人は、何もかも自分の思い通りにことが運んでいるわけではありません。明るい人にも、不運は容赦なく降りかかります。しかし、明るい人は、「不運」を「不幸」とは考えないのです。

三浦綾子さんの小説『氷点』に、次のようなセリフがあります。

「十円落したら、本当に十円をなくしたのだから損したわけよ。その上、損した損したと思ったら、なお損じゃない」

十円をなくしたという事実は単なる「不運」であり、それを気に病んでいつまでも嘆くことが「不幸」です。


小説でも映画でも、主人公が何の苦もなく生き、すべてが順調にうまくいって、「めでたしめでたし」で終わるものなど存在しません。

必ず、主人公は苦難を前にして悩み、苦しむものです。

人が小説や映画を求めるのは、主人公の悲しみや苦しみに共感し、「つらいのは自分だけではない」という気力を得るためだと言ってもよいでしょう。


人は誰でも、少なくとも一編は、人の心を打つ小説を書くことができます。自らの人生を語ればよいのですから。

自分はとても他人に語れるような人生を送っていない、などと考えてはいけません。

何気ない日常の中での葛藤、悩み、苦しみ、それらすべてが「物語」なのです。

仕事、恋愛、友人関係で、つらい思いをしたときは、心の中でこう唱えましょう。

「今、自分の人生という物語が進行中なのだ」

自分の人生に満足していない人は、漠然と、「幸せはどこか遠いところにあって、それが得られないから、自分は不幸なのだ」と感じてしまっています。

形のある幸せを手にしなければ、自分の本当の人生は始まらないのだ、と考えているのです。

しかし、そう悩んでいる姿そのものが物語なのです。人生はすでに進行中なのです。

「今の自分は、本当の自分ではない」と現実逃避しても、まさにそう思っている自分の姿が「本当の自分」なのです。

苦しみのない人生などありえません。生きているかぎり、苦しみは避けられないのです。

つらいときは、自分を映画の主人公に見立てて、客観的に眺めてみるのもよいでしょう。予告編のような名場面集を頭に描いてみてください。

あなたの人生という映画を観た人は、感動して勇気を得るはずです。

あなたも、自分自身に共感し、自分に勇気を与えてもよいのです。

悩むことが生きることそのものであり、その物語は、今も進行中なのです。

STEP 3

誰にも不機嫌にさせられないために

自分に自信をもち、毎日を明るく生き生きと過ごすためのおまじないをご紹介します。

一日に少なくとも一度は、「誰も私を不機嫌にさせることはできない」と胸の中で唱えるのです。

失望、劣等感、自己嫌悪……。あらゆるマイナスの心理には、不機嫌がともないます。不機嫌がストレスを生み出します。

すぐに不機嫌になる癖を直せば、ずいぶん心が楽になります。

もちろん、ことなかれ主義に徹してもめごとを避け、いつもへらへらと愛想笑いをしていればいいというのではありません。人間らしい喜怒哀楽の豊かな感情は必要です。

しかし、それらと「不機嫌になる」ということは別の問題です。

不機嫌とは、他人によって自分の感情を乱されたことへの悔しさです。自分の感情をありのままに認められる人は、怒っても、悲しんでも、落ち込んでも、不機嫌にはならないのです。

すぐに不機嫌になる人は、不機嫌という態度を示すことによって、「もっと私を尊重し、私に気を遣ってほしい」と他人に要求しています。

しかし、「あの人の機嫌を損ねると面倒だから」という理由で、他人から腫れものにさわるように扱われても、それは本当に尊重されているのではなく、むしろ子供扱いされ、バカにされているのです。

不機嫌という態度で他人に何かを訴えようとしても、敬遠されるか、見下されるかのどちらかです。不機嫌を見せつけることによって他人から尊重されることはありません。

すぐに不機嫌になる人は、「私は、自分に自信のない人間です」と言っているようなものです。

自信も劣等感も、自分の心がつくり上げるものです。自信をもつためには、まず、自分の感情を自分の意志で管理できるようにならなければなりません。

他人に嫌なことをされたり言われたりしたとき、相手を攻撃して怒りをぶちまけなければ気がすまないと考えている人は、「バカにされたくない」、「負けたくない」という思いが強すぎる人です。

黙って引き下がることを「負け」だと思い込んでいるのです。

しかし、人間関係を「勝ち負け」でしか考えられない人は、実は、すでに勝負に負けているのです。

人が腹を立てるのは、たいてい、バカにされたと思ったときです。バカにされたときではなく、バカにされたと自分が「思った」ときです。すぐに腹を立てる人は、それだけ劣等感の強い人です。

いつも「他人からバカにされてはいないか」と警戒している人は、そもそも、「自分は、他人からバカにされるような人間だ」と自ら認めてしまっています。他人からバカにされる前に、自分で自分をバカにしているのです。

自分に自信のある人は、他人と比べての勝ち負けなどということは、まったく気にかけてもいないのです。

自分には自分の価値があり、他人には他人の価値がある。

この世に生を受け、生きることの喜びを満喫している人すべてが勝者です。

他人のせいで不機嫌になるのではありません。自分の弱さをごまかそうとするずるさが、不機嫌を生み出すのです。

自分の感情は自分のものです。

気分よく過ごすかどうかは、自分が決めることです。

不機嫌になりかけたとき、自らのプライドと尊厳にかけて、「誰も私を不機嫌にさせることはできない」と自分に言い聞かせてください。

他人が自分をどう扱おうが、気にならなくなります。

必ずストレスは減少し、自分に自信がもてるようになるはずです。

STEP 4

がんばるな、あきらめよう

「あきらめる」という言葉は、「やりかけたことを途中で投げ出す」というような否定的なイメージでとらえられがちですが、もともとは「明らむ」、つまり、「物ごとの道理、真理を明らかにすること」という意味でした。

苦しみから逃れようともがくのではなく、「苦しいことは苦しい、悲しいことは悲しい」と、ありのままの現実を受け入れる勇気をもち、迷いを払拭《ふっしょく》することが、「あきらめる」ということです。

大昔のインドでの話です。

ある女性が、たったひとりの子供を亡くして、嘆き悲しんでいました。

彼女は、我が子の死を受け入れることができず、「どなたか、この子を生き返らせる薬をつくってください」と、死んだ子供を抱いたまま、気も狂わんばかりに町中をかけずり回っていました。しかし、そんなことができる人がいるはずもありません。

そこへ通りかかったお釈迦様が、彼女に告《つ》げました。

「一度も死者を出したことのない家から、カラシダネをもらってきなさい。それを材料にすれば、子供を生き返らせる薬をつくることができる」

インドでは、カラシダネという香辛料は、どこの家にも置いてあるものです。彼女は大喜びで、カラシダネを譲ってくれる家を探し歩きました。

しかし、一度も死者を出したことのない家からもらうというのが条件です。何日もかけて探し回りましたが、そんな家はどこにもありません。

人は誰しも、親を亡くしたり、兄弟を亡くしたり、大切な家族を失った悲しみを抱えて生きています。彼女は、しだいに正気を取り戻していきました。

すべてをお見通しのお釈迦様は、彼女が戻ってくるのを待って、「例のカラシダネは手に入ったか」と尋ねました。

彼女は、心穏やかに、こう答えました。「いいえ、どこにもありませんでした。でも、もう私にはそんなものは必要ありません。我が子が安らかに眠るのを祈るだけです」

「どうにもならないこと」を何とかしようと、もがき苦しむのはよくありません。何とかなることはすればよいのですが、どうがんばっても、どうにもならないこともあります。また、がんばることが幸せにつながるとはかぎりません。

つらいときは、「がんばる」よりも「あきらめる」のです。

ちなみに、「がんばる」という言葉のもともとの意味は、「我を張って、強引に自分の意見を押し通すこと」です。

偏差値の高い学校に入るために、受験勉強を「がんばる」。
出世するために、会社に滅私奉公して「がんばる」。
振られた異性への未練を断ち切れず、何とか気を引こうと「がんばる」。

「がんばる」とは、すなわち、他人のことなど考えず、自分だけが得をするために行動することです。

がんばったために、本当に大切なことを見落とし、かえって不幸になってしまった人の何と多いことでしょう。

がんばることとは、少しも褒められたことではありません。

「勝ち組、負け組」などというみにくい言葉を、いったい誰が言い始めたのでしょうか。

そんな言葉に惑わされて、「がんばらなければ、取り残される」などと焦る必要はありません。勝っても負けても、幸せにはなれません。

「自分はこんなにがんばっているのに、少しもいいことがない」と嘆いている人は、がんばるのをやめて、あきらめてみてください。

明確な意志、目的をもって努力しているのであれば、苦労自体も喜びとなるはずです。がんばることがつらいだけなら、がんばらなくてよいのです。

「苦労のための苦労」には、まったく意味はありません。

「あきらめる」ことで、視野は大きく広がるはずです。

STEP 5

毎日をいい気分で過ごすために

「われわれは、楽しいから笑うのではない。笑うから楽しいのだ。悲しいから泣くのではない。泣くから悲しいのだ」と、ある有名な心理学者は言いました。

現在の心理学的な見地からは、必ずしも正しいとは言えない論理だそうですが、ふだんの私たちの「心の持ち方」を考えるとき、おおいにためになる言葉です。

「どうせ人間なんて皆、冷たい」と他人を批判している人は、必ずと言っていいほど、いつも不機嫌そうな顔をしています。

嫌われるから不機嫌なのか、不機嫌だから嫌われるのか。「卵が先か、ニワトリが先か」のような話ですが、これは「どちらも正しい」と言ってよいでしょう。

まさに、「嫌われるから不機嫌なのであり、かつ、不機嫌だから嫌われる」のです。

自分の不機嫌さが、まわりの他人の冷たい態度を生みだしているということに気づかなければなりません。

「他人は皆、冷たい」のではなく、「いつも不機嫌な人に対しては、冷たい」というだけなのです。

「自分は何も悪いことはしていないのに、他人に冷たく当たられる」という人がいます。しかし、やはりそういう人は、いつも不機嫌そうな顔をして、他人を不快にしているのです。

不機嫌な人と積極的に仲良くしたいなどという変わった人は、まずいないでしょう。たいていの人は、とばっちりを受けたくないから、不機嫌な人をなるべく避けようとします。それは当然のことです。

むすっとした態度で他人に接するということは、「相手を尊重していない」ということです。

わざと他人をけなしたり、傷つけたりしなくても、「他人に不快感を与えることは、悪いことだ」という意識をもたなければなりません。

いつも不機嫌な人は、実は、「他人に気を遣ってほしい」という甘えが強い人です。

ことさらに不機嫌な顔を見せることにより、「私の機嫌をとってくれ」と他人に要求しているのです。しかし、そういう人は結局、ますます他人にうとまれるだけです。


幸せとは、何でしょうか。「幸せの要因」については、人それぞれでしょうが、「幸せがもたらす結果」については、誰でも共通しています。

「気分がいい状態」が、幸せなときです。

毎日を上機嫌で過ごせるなら、その人はきっと幸せなのです。

「何もいいことがないから、自分は不機嫌なのだ」などと言っていないで、自分から「気分がいい状態」を作りだせばよいのです。

近所の人や職場の同僚に、これまでただの義務感から仏頂面《ぶっちょうづら》であいさつしていたのを、今日からは、心からの敬意を込めて、笑顔であいさつしてみてください。

笑顔であいさつをされて、気分を悪くする人はいません。

あなたの笑顔が、まわりの人の気分をよくし、結果的にその上機嫌があなたにも返ってきます。

ただし、「笑顔で明るく過ごす」ということを、「へらへらと媚《こ》びへつらって、誰にでもいい顔をする」ということと勘違いしてはいけません。

媚びる人は、相手に対する思いやりではなく、「自分が好かれたい」という利己心だけで愛想よくしているにすぎないので、相手が自分の思い通りにならないと、すぐに機嫌を悪くしてしまいます。

相手のご機嫌をとろうとするのではなく、「私は、あなたを尊重しています」という自分の気持ちを伝えれば、それでよいのです。

たとえ相手に不愉快な態度をとられようが、それでもなお上機嫌でいられたら、自分の感情を自分でコントロールできる、意志の強い人間になれた証拠です。

STEP 6

ひとりの時間を楽しむ

友人や恋人に嫌われるのが怖くて、自分の言いたいことを言えず、愛想笑いで取《と》り繕《つくろ》い、しかしそんな自分に嫌気がさしている、という人も多いことでしょう。

他人に見捨てられるということを、まるで「世界の終わり」であるかのように怖れてしまっているのです。それを逃れるためなら、どんな犠牲もやむをえない、と思い込んでいます。

しかし、なるべくなら、その「世界の終わり（と思い込んでいるもの）」を早いうちに経験してしまったほうがよいのです。というよりも、実は、「他人に嫌われることを必要以上に怖れている」という時点で、すでに破滅は起こっているのです。

ただ、その現実から目をそらし、自身の心が受け入れることを先延ばしにしているにすぎません。

本当の自分をさらけ出せば嫌われてしまうような友人なら、どうせいつか嫌われてしまいます。いえ、すでに嫌われていて、相手も孤独が怖いから、我慢してあなたと付き合っているだけなのかもしれません。

そんな無意味な人間関係など、さっさと終わらせてしまったほうがよいのです。

先延ばしにすればするほど、取り返しがつかなくなります。自分に嫌悪感を抱き、ますます素直に自分を受け入れられなくなってしまいます。

自分の心をごまかせば、深く傷つくことは避けられますが、その代わりに、「自分を嫌いになる」という大きな代償が待ちうけています。

生きるということは、気が遠くなるほどの孤独に耐えることにほかなりません。

孤独を怖れるよりも、いかに孤独とうまく付き合っていくかを考えることのほうが重要です。

自分を好きになるには、まず、大いに孤独を楽しむことです。

孤独を怖れている人は、孤独そのものを怖れているというよりも、「淋しいヤツだとまわりからバカにされる」ことを怖れているのでしょう。

しかし、孤独な人をバカにするような人は、自分も同じように孤独を怖れ、他人に迎合している人です。そんな人の言うことを気にすることはありません。

ひとりで過ごすことは、恥ずかしいことでも何でもありません。

携帯電話をもたずに、ひとりで映画やコンサートに出かけたり、ひとりで喫茶店で本を読んだりしてみましょう。

「ひとりの時間を楽しむすべを知っている」人こそが、心の成熟した大人だと言えます。

矛盾するように聞こえるかもしれませんが、よい人間関係を築きたければ、まず、自分ひとりの時間を楽しめるようにならなければなりません。単に「孤独感を紛《まぎ》らわせるために付き合っている」だけの人間関係など、何の意味もありません。

孤独を楽しむことができれば、「付き合う必要のない人に気を遣う」というストレスから解放され、自分にとって有意義な人との付き合いに専念できます。孤独を楽しんでいる人だけが、本当に人付き合いを楽しむことができるのです。

他人は、自分の気持ちを理解してくれなくて当たり前。

人生は、思い通りに進まなくて当たり前。

だからこそ、人の優しさが心に染みるのであり、親しくしてくれる人には心から感謝しなくてはならないのです。

「友人は自分を尊重してくれて当然」などと考えているごう慢な人には、なかなかよい友人はできないでしょう。

要求レベルを下げれば下げるほど、人生は豊かになります。

「世界の終わり」だと怖れていたことを勇気を出して受け入れ、それを当然だと思うことからスタートすれば、これまで見えなかった幸せ、喜びを実感できます。

いつの日か、「なぜこんなことを怖れていたのだろう」と笑い飛ばせる日がきっとくるはずです。

STEP 7 性格とは「考え方の習慣」である

ある人が、飼い犬のいたずらに困っていました。

家の中で掃除機をかけると、犬は、掃除機を生き物だと思っているのか、ブーンという音に反応して、駆け寄ってきて柄《え》の先に咬《か》みつくのです。いくら叱りつけて引き離そうとしても、犬は言うことをききません。

これでは掃除をすることができず、飼い主は困り果てて、ペットのしつけの専門家に相談しました。すると、専門家は、いとも簡単に犬のいたずらをやめさせることができたのです。

犬が掃除機に咬みついてきたとき、まず、引き離して、やめさせるところまでは同じです。

その後が肝心でした。「いたずらをやめたこと」を褒めて、頭を撫でてやるのです。それを数回繰り返せば、難なく犬は言うことをきくようになります。「叱られたからやめた」のではなく、「自らの意志でやめた」のだと思うことにより、犬の自尊心（？）は保たれたのです。

犬と人間を同じに扱ってはいけませんが、これは、人間の子育てにも役立つやり方でしょう。

子供が言うことをきかないからといって、叱りつけて、「恐怖による支配」で操ろうとしても、素直な子供には育ちません。

子供が、「人に言われたから」ではなく、自らの意志によって行動できるように育てることが、本当のしつけだと言えます。

恐怖による支配で育てられた子供は、「自分の自由な意志をもつことは許されない」、「何をするにも他人の許可がいるのだ」と考えるようになります。

悪いことがあったときには、親から「お前が言うことをきかないからだ」、「お前が悪い子だからだ」と言われ続け、自分は価値のない存在だという考えを刷り込まれます。

自分の喜びのために生きるのではなく、「他人に認められること」、「恥をかかないこと」、「他人に許してもらうこと」を重要視するようになります。

そのような育て方をした親にかぎって、子供が成人すれば、今度は、「自分の意志をもち、はっきりと自己主張すること」を求めるようになるのです。そして、それができない子供を、「情けない」と非難します。

子供のころから、自分の意見や素直な感情を表現することを許されず、親の顔色をうかがい、親の言いなりになって生きることを強要されていて、大人になったからといって、「さあ、これからは自分の力で生きていきなさい」と放り出されても、そう簡単にできるはずがありません。

そのような親に育てられた人は、まったく不運ではありましたが、いつまでも嘆いていても仕方がありません。

性格とは、「考え方の習慣」だということができます。何でも悪い方に、暗い方に考えてしまうからといって、人格や人間の価値の問題だなどと考えることはありません。それは、子供のころから染みついた習慣にすぎないのです。

考え方の癖を変えれば、誰でも明るい性格に変わることはできます。

自分のことしか考えず、わがまま勝手に振る舞う人のことを、「自己チュー」などと言いますが、正確に言えば、それは自己中心的なのではなく、むしろ、「他者中心的」なのではないでしょうか。

他人の迷惑をかえりみず、わがままばかり言う人も、自分の価値に自信がないから、「自分は、他人に迷惑をかけても許される、特別な権利があるのだ」という優越感で姑息《こそく》な自尊心を保っており、また同時に、「他人がどこまで許してくれるか」ということを試しています。「他人に許してもらうこと、受け入れてもらうこと」の中でしか、自分の価値を見出せないのです。

「自己チュー」な人は、自分を愛し、自分を大切にしているかというと、決してそうではなく、いつも他人の評価に怯《おび》え、びくびくしています。

他人の評価が怖いから、自分をごまかし、そして、自分の心と正面から向き合うことを怖れて逃げてばかりいるから、自信がもてず、他人の批判に怯えなければならない、という悪循環の中で苦しんでいます。

「他人から認められ、愛される人間になるには、どうすればよいのか」と悩んでいる人に対して、私はこう断言します。

「他人の関心を引き、他人から認めてもらうことばかりを考えていては、一生、心の安定は得られませんし、幸せにはなれません」

他人は、自分を理解してくれなくて当然なのです。これは決して、冷淡な開き直りでも、人間不信にもとづく考え方でもありません。

他人に理解してもらえたなら、それは心から感謝すべきことですが、当然のように要求すべきことではありません。

恋人や友人に対して、不満や愚痴など、言いたいことがあるなら、まず、「自分の素直な気持ちを表現できるということ」を大切にし、そういう自分を愛しいと感じれば、それで充分なのです。よい意味での「自己中心的」ということです。「自分が、良心とプライドにかけて、素直な気持ちに従って、本当にそうしたいと思うから、する」ということを何より大切にしてください。

「相手が自分の気持ちを理解してくれること」まで強要してはいけません。そうしなければ満足できないのは、他人に依存ばかりする「他者中心的」な考え方です。

他者中心的な人は、ともすれば、「他人を尊重する」ということを、「何でも他人のわがままを許し、「言いなりになる」ことだと勘違いしてしまいます。そして、他人を操作しようとする人に、うまく利用されてしまいます。

これも、「自分の意志をもたず、他人からどう見られるかということばかりを気にする」結果です。意志を伴わない優しさは、自分を傷つける結果に終わるだけです。

よい意味で自己中心的な人は、他人に流されず、かといって自分の都合だけを押し付けることもなく、他人と健全な人間関係を築くことができます。

自分を中心に考えることができる人は、自己価値というものを、「自分の気持ち、自分の考え、自分の言動」の中だけで完結することができます。

他人からどう評価されるかということは、あくまで「おまけ」にすぎないのです。

STEP 8

いつも迷ってばかり

頭がよいということには、ふたつの意味があります。記憶力のよさと判断力のよさです。

学校では記憶力が重視されがちですが、実社会で生きていく上で本当に必要なのは、判断力のほうです。

会社を経営するには判断力がもっとも強く要求されますし、恋人を幸せにするのにも、記憶力より判断力のほうがはるかに重要です。

デートにどの洋服を着ていくか、ファミリーレストランで何を注文するか、映画を観るか遊園地に行くか……。

何を決めるにもなかなか判断ができず、迷ってばかりいる人がいます。そういう人にかぎって、決断した後も、「やっぱり別の選択をすればよかったのではないか」と後悔し、悩んでしまうのです。

選択に悩めば悩むほど、「本当にその選択は正しかったのか」といつまでも気にかけてしまいます。自分の意志で自分の道を歩んでいるという充実感が得られないのです。

ある本に、「重大な選択に迷って、なかなか決断ができないときは、コインを投げて、表か裏かで決めればよい」と書かれてありました。

会社を辞めるか辞めないか、結婚するかしないか……。人生を左右する重大な選択に迫られているときに、コインで決めろと言われたら、「けしからん」と腹を立てる人もいるかもしれません。

しかし、AかBかの判断に迷うということは、「AとBのどちらを選んでも、大差はない」ということを意味しているのです。

ファミリーレストランで、「洋食を注文するか、和食を注文するか」を迷ってしまう人は、「洋食も和食も同じくらい好き」だからなかなか決められないのです。

洋食か和食か、どちらか一方が絶対的に好きだという人は、迷うことはありません。「どちらでもいい」から悩むのです。

つまり、長い時間をかけて選択に悩めば悩むほど、その問題は結局、どちらを選んでも差はないということを意味します。差がはっきりしているなら、迷うことなく決断がつくはずなのです。

なかなか決断がつかない問題こそ、コインでも投げて適当に決めればよいのです。どちらを選んでも、大きな失敗にはならないのですから。

判断力とは、「つねに正しい選択をする」ということではありません。「自分の責任において判断を下し、その結果に後悔しない」ということです。

Aを選んだ後、「やっぱりBにしておけばよかった」とくよくよ後悔する人は、たとえBを選んでも後悔していたことでしょう。

後になって「なぜBを選ばなかったのだろう」と悔やんでも仕方がありません。決断したときは、そうは思わなかったのです。


もちろん、熟慮するということは大切です。何も考えずに突っ走ってしまうのもよくありません。

しかし、長い時間をかけて悩めば悩むほどよいというものではありません。悩んでばかりいる人は、結局、どういう結果になっても悔いが残り、満足できないのです。

選択そのものは、たいして重要ではありません。大差がないからこそ悩むのです。後は、「覚悟を決める」だけです。

一度決めたら、自分の選択に自信をもち、後ろを振り返らない、ということが重要です。それが自分への自信につながります。

第2章

人付き合いにストレスを感じる
他人とうまく付き合えない

……こころのほこりをとる

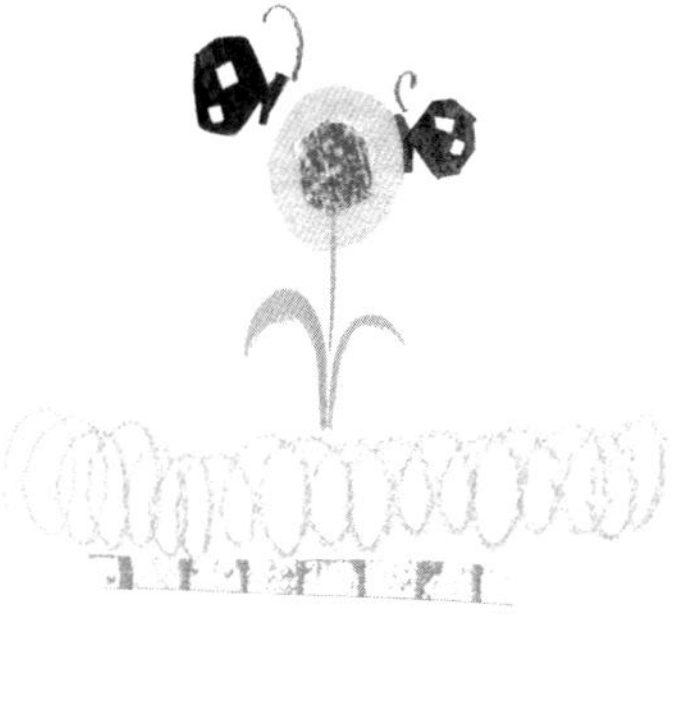

STEP 9

他人から批判されたら

他人から批判されることを怖れすぎるために、人の輪に入れない、社会になじめない、という人がいます。

もちろん、他人から批判されることは、誰にとっても不愉快なことです。

しかし、だからといって、他人というものすべてを怖れ、心を閉ざしてひきこもってしまうのは、とてももったいないことです。

人の心を傷つけるのも人間なら、救ってくれるのもまた人間です。

世の中には、冷たい人もいますが、温かい心をもった人もたくさんいます。

冷たい人に傷つけられたからといって、すべての他人に心を閉ざしてしまっては、優しい人と出会うチャンスも失ってしまうことになります。

世の中で、他人と関わり合いながら生きていこうと思えば、批判されるということは避けられないでしょう。

逃げるばかりでなく、それに対処していく知恵をつけなければなりません。

他人から批判されたとき、かっとなったり、落ち込んだりせず、まず深呼吸をして、冷静に事態を判断してください。

第一に、「相手の言っていることが、正しいか、どうか」を考えましょう。

相手が正しく、自分が間違っていたのなら、素直に反省しなければなりません。

人付き合いの苦手な人は、たいてい、感受性が強く、繊細な心の持ち主です。

繊細であることは、悪いことではありません。むしろ、長所であるといえます。

しかし、傷つきやすい人というのは、えてして「自分の欠点を認めようとしない」というずるい面があることも、自覚しなければなりません。

他人から批判されて腹が立つのは、自分が情けないからです。自分の劣等感と向き合うことへの怖れが、攻撃性となって現れるのです。

「自分が間違っていると思ったら、素直に反省する」という姿勢をつねにもっていたならば、他人を怖れたり、怒りを感じたりすることはありません。

自分の過ちを認めることは、はじめは大変な勇気がいることかもしれません。しかし、自己欺瞞《ぎまん》に苦しむよりは、よっぽど気が楽なことなのです。

他人に謝ることは、けっして恥ずかしいことではありません。自分の非を認めようとせず、意地を張ることのほうが、何百倍も恥ずかしいことです。

人は誰でも、過ちを犯すことがあります。自分が間違っていると思ったら、素直に謝る。それが、本当に人間として立派な姿です。

そういう態度こそが、他人からの信頼を得るために必要なことです。

「どうせ自分が悪いんだ」とすねたり、ひがんだりして、ことさらに「あなたのせいで、私はこんなにも傷ついている」という態度を相手に見せつけようとする人がいますが、そんなことをしても、ますますバカにされるだけだし、「幼稚な手段でしか対抗できない自分」が嫌になるだけです。

謙虚さとは、自分を卑下して開き直ることではありません。

あくまで自分の向上のため、豊かな人生を送るために、素直に自分を省《かえり》みるということが重要です。

第二に、「相手の言うことには納得できない。自分のほうが正しい」という自信がある場合。

このときの対処法は、ふたつに分かれます。

「気にしない」か、「誤解を解いてもらうよう話し合う」か、どちらかです。

自分にとってどうでもいい人、嫌いな人に批判されたからといって、気にすることはありません。

「文句を言い返さないと気がすまない」のだとしたら、自分も相手と同レベルだということになってしまいます。

嫌いな人にどう思われようが、どうでもいいことではありませんか。言いたいことを言わせておけばよいのです。

自分が相手を嫌っているのだから、相手も自分を嫌う権利はあるはずです。「自分が相手を嫌うことは許されるが、相手が自分を嫌うことは許されない」などという道理はありません。

「どちらがよけいに嫌うか」などという低次元な争いに精神を浪費するなんて、バカバカしいことです。

つまらない人のことなど放っておいて、自分は自分の幸せを求めればよいのです。

自分の好きな人から誤解を受けて批判された場合には、はっきり自分の正当性を主張して、誤解が解けるまで話し合うべきです。

相手との関係を大切だと思うなら、その関係を修繕すべく努力しなければなりません。

感情的にならず、相手の話もよく聞き、ここでも「自分が間違っていたと思ったら、素直に反省する」という態度が必要です。

おさらいをしておきましょう。

他人から批判されたときには、冷静に事態を判断し、

（1）自分が間違っていたなら、素直に反省する謙虚さをもつ。

（2）自分は間違っていないと思うときは、

（a）どうでもいい相手なら、気にしない。

（b）自分にとって大切な相手なら、誤解を解いてもらうよう話し合う。

他人を怖れたり、腹を立てたりする前に、思い出してください。

STEP 10

神経質は悪いことじゃない

人付き合いが不得手な人というのは、神経質な人だと言い換えることができます。

自分が言った何気ない一言が相手を傷つけてしまうのではないか、自分と話をしていても相手はつまらないと感じているのではないか、などと考えているうちに、何も話せなくなってしまうのです。

まわりの人たちは誰でも気軽に会話をしているのに、どうして自分だけできないのだろう。そんな自分がふがいない。何か話しかけねば、暗い人だと思われてしまう……。

無理をして話そうとすればするほど、ぎこちなく不自然な会話になってしまい、よけいに自信を失ってしまう、という繰り返しで悩んでしまっています。

しかし、他人と話をするとき、神経質なほどに相手の気持ちを推《お》し量《はか》るということは、けっして間違ってはいません。

他人の気持ちなどおかまいなしにずけずけと言いたいことを言う人よりは、よっぽどましです。

他人が傷つくことを平気で言う人。相手の都合を考えず、自分のペースだけで話をする人。相手が聞きたくもない自慢話や愚痴を長々と話す人……。

そういう人たちの真似をしてはいけません。

「相手の気持ちばかりを先回りして考えてしまう」という人は、いわば感受性の強い人です。

自分が傷つきやすいから、他人の心の痛みもよく判《わか》る。だから、つい他人を傷つけないように気を遣ってしまう。それは他人への思いやりであり、優しさなのです。

そういう性格を直す必要はありません。そのままでよいのです。

引っ込み思案の人が間違っている点はただひとつ、「相手を傷つけてしまうこと」よりも、「それによって、自分が嫌われること」を怖《おそ》れてしまうことです。

「他人を傷つけることを怖れる」のは、大いに結構です。他人の気持ちを想像するというのは、人間にとってとても重要なことです。

一方、「自分が嫌われることを怖れる」のは、ただの利己心です。優しさでも何でもありません。

それらを区別して考えればよいのです。

「神経質」は悪いことではありません。それをうまく活用してみましょう。

他人の気持ちを敏感に感じ取ることができるのは、すばらしい能力です。

人付き合いが不得手な人は、せっかく与えられたその能力を活かす方法を間違っていただけなのです。

これからも、神経質すぎるほどに「他人を傷つけること」、「他人を不愉快にさせること」を怖れてください。
ただし、相手を信用しているなら、「それによって、自分が嫌われてしまうこと」を怖れすぎてはいけません。

他人に嫌われることを過剰に怖れてしまうのは、自分が逆の立場だったら相手を許せない、と考えているからです。
他人に対して寛容な心をもてば、他人から嫌われるという不安もなくなります。

人間であれば、過ちを犯すのはお互いさまです。過ちを犯してしまったときは、相手に誠心誠意詫《わ》びて、二度と繰り返さないことを誓えばよいのです。

そして、今度相手が過ちを犯したときには、許してあげてください。

本当の信頼関係とは、絶対に裏切らないことを要求しあうことではなく、互いの弱さも含めて認め合うということです。

STEP 11

他人に対して不満ばかり感じるとき

私たちは日々、人間関係の中で、さまざまなストレスに悩まされています。生き生きとした人生を送るには、このストレスをどれだけ少なくすることができるか、ということが重要です。

他人に対して感じる不満は、大きくふたつに分類されます。「嫌なことをされる」という不満と、「してほしいことをしてくれない」という不満です。

「嫌なことをされる」ことへの対処は、比較的容易です。可能なかぎり、その人とかかわらないようにすればよいのです。

学校や会社、近所づきあいなどで、完全にかかわり合いを避けることはできなくても、心理的な関係を絶《た》つことはできます。

できるだけ表面的な付き合いにとどめておいて、心の中でその人を切り捨ててしまえばよいのです。

解決が難しいのは、「してほしいことをしてくれない」という不満です。

これは、友人や恋人、家族など、自分と近しい間柄の人に対して起こる感情です。

どうでもいいと思っている人に対しては、この種の不満は生まれません。

何かをしてほしいと思うのは、自分がその人に依存しているからです。自分の都合で相手を求めていながら、一方では相手を批判するという自己矛盾に苦しみ、なかなか心の整理がつかないのです。

「してほしいことをしてくれない」という不満は、「他人を意のままに操りたい」、「自分さえよければよい」という幼稚な思い上がりから生じます。

恋人が自分を愛してくれているかどうかということを、「自分の意のままに動いてくれるか」ということだけでしか判断できない人がいますが、それは大きな間違いです。

そういう人は、永久に「真の愛の喜び」は感じられないでしょう。

他人が自分のわがままをきいてくれれば、気分がいいものですが、それは愛の喜びではなく、その人を支配してやったというみにくい優越感にすぎません。

望むものが間違っているから、いつまでたっても満足がえられないのです。

「嫌なことをされる」というストレスは、他人によってもたらされたものですが、「してほしいことをしてくれない」というストレスは自分の心が作り上げたものだ、ということを忘れてはいけません。

人は誰でも、自分が大事です。自分だけが特別で、一番かわいいのです。

電車の中で、他人に足を踏まれれば腹が立ちますが、自分が他人の足を踏んでしまって怒られたときには、「それぐらいのことで怒るなよ」と思ってしまいます。

他人にされたら許せないと思う言動も、自分がしたことなら簡単に許してしまうのです。

人間は皆、自分が世界の中心だと思っている、エゴのかたまりのような存在です。

それは仕方がないことなのですが、自分が特別なら、他人もやはり同じように「自分が特別」と思っているということを認めてあげなくてはなりません。

他人は、自分を喜ばせてくれるためだけに存在するのではありません。「してほしいことをしてくれない」と腹が立つのは、その対象が他人だからです。自分もまた、相手にとって「望みどおりの人間」ではないはずです。相手も、自分に対していろいろ不満はあることでしょう。

そのことについて、他人に対して腹を立てるのと同じくらいに激しく、自分自身にも腹を立てるでしょうか。自分のことは大目に見てしまうのではないでしょうか。

自分が自分のために生きているのと同じように、他人もまた、自分自身のために生きています。

他人に対して、「してほしいことをしてくれない」という不満を感じたときは、自分にこう問いかけてください。

「私は、どれだけ相手が望むとおりのことをしてあげているというのだろうか」

「相手の望むことをしてあげる」といっても、奴隷のように何でも言いなりになるのがよいというわけではありません。

自分が正しいと思うこと、自分自身も喜びを感じられること、というのが条件です。

他人のために何かをすることで、「自分が犠牲になっている」、「自分だけが我慢している」という不満しか感じられないのなら、その行動の動機が間違っています。

ここでもまた、「せっかく～してあげたのだから、もっと感謝してくれてもいいのに」というごう慢さに支配されてしまっているのです。

自分から「喜んで」他人のために何かをしてあげられる人は、他人に対しても、「～してくれてもいいのに」という不満は感じないはずなのです。

幸せな人とは、よい意味で「自分のために」生きている人のことです。

STEP 12

誰もあなたに期待なんかしていない

あこがれていた人との恋が実って、付き合うことになり、うれしいはずなのに、かえって不安にさいなまれてしまう、という人がいます。

「この人を恋人にできたら、どんなに幸せだろう」と夢見ていたのに、実際に付き合うことになったら、なぜか喜びは消え失せ、逃げ出したい気持ちになってしまうのです。

切実に他人とのつながりを求めていながら、一方では、それが怖いのです。

そういう人は、おそらく、「期待に応《こた》えることを強要する親」に育てられたのでしょう。子供のころから「いい子」と言われ続けてきたのではないでしょうか。

他人の気に入る行動をとってこそ、自分は愛される価値があるのだ、という間違った考えを無意識のうちに刷り込まれてしまったのです。

だから、新しい恋人や友人ができたとき、まず「相手の気に入る人間にならなければいけない」という強迫観念を抱いてしまいます。

自分の意欲や喜びは二の次で、他人のために犠牲になったり、一生懸命に尽くしたりして、「他人に気に入ってもらえること」の中でしか自分の価値を認められないのです。

「自分は相手に期待されている」と勝手に思い込み、「その期待に応えられなかったら嫌われてしまう」と不安を感じるのです。

そういう人にとって、人付き合いは「綱渡り」なのです。

渡り終えても、達成感は感じられず、「落ちなくてよかった」という消極的な安心を得られるだけです。

安心したのもつかの間、次から次へと新しい綱を渡らされ、「落ちないようにすること」に精一杯で、まったく喜びは感じられないのです。

悪い意味に誤解しないでいただきたいのですが、そういう不安に苦しんでいる人に対して、私はこう断言します。

「誰もあなたに期待なんかしていません」

仮に期待する人がいたとしても、そんな人と付き合う価値はありません。

「自分の気に入る人間になれ」と強要する人と付き合っても、都合よく利用されるばかりで、何も得るものはありません。


仏教で、「和顔愛語《わげんあいご》」という言葉があります。

和やかな顔で、情を込めて語りかける。これはお布施《ふせ》のひとつなのだそうです。

お布施とは、見返りを求めない善意のことです。

人付き合いにおいては、この「和顔愛語」さえ心がけておけばよいでしょう。

他人に対して、にこやかに、心を込めて話す。これだけで充分、「他人を喜ばせる」ことになり、ひいては「他人から愛される」ことになるのです。

「たったそれだけのことでよいのか」と思われるかもしれませんが、つねにこれを心がけるのは、相当に難しく、強い精神力が要求されることです。

せっかくにこやかに話しかけても、相手は不機嫌に応答してくるかもしれません。しかし、それでもよいのです。見返りを求めては、お布施になりません。たまたま相手は虫の居所が悪かったのかもしれませんし、体の具合が悪かったのかもしれません。そんなことはいちいち気にかける必要はありません。

自分が、自尊心と誇りにかけて「和顔愛語」を実践したなら、相手の反応がどうだろうと、たいして気にはならないはずです。

「幻滅されるのが怖いから」という理由で他人に媚《こ》びを売っても、かえって不満が募《つの》るだけです。

他人を喜ばせる行動をとるには、自分が「喜んで」そうしなければなりません。

まず自分が心からの幸せを感じられなければ、他人を幸せにすることはできません。

自分を押し殺し、無理をして他人を喜ばせようとするのは、逆効果に終わるだけです。

自分の内面からあふれ出る幸せは、無理をしなくても、自然に他人にも行きわたるものなのです。

STEP 13
人付き合いで必死になるのは禁物

子供が非行に走ったり、不登校になったりすると、たいていの親は、どうにかして立ち直らせようとします。怒鳴りつけてみたり、泣き落としてみせたり、必死になって説得を試みます。

子供のためを思う親心は判りますが、実は、親のそういう「必死な態度」こそが、子供をますます追いつめ、苦しめてしまうのです。

親が何とか子供を立ち直らせようとする気持ちの裏には、「あなたは、今のままではダメなのよ」という前提があります。「立ち直らなければ、あなたは、人間として価値がないのよ」と脅迫しているのと同じです。

誰も、好きこのんで非行に走ったり、家にひきこもったりするわけではありません。本当は、自分自身が一番苦しんでいるのです。

子供が親に心を閉ざすのは、「自分は無条件で愛してもらっていない」という悲しみを訴えるための抵抗です。その最後の手段さえも否定されてしまえば、絶望するしかありません。

親が、「あなたは間違っている。心を入れ替えなさい」と必死になればなるほど、子供は、自分が問題児扱いされていることに傷つき、「こうなってしまったのは、自分のせいではない」ということを示すために、ますます意固地になり、抵抗を強めてしまいます。

親は、何より、子供のありのままの姿を認めなければなりません。「立ち直ってくれればうれしいけど、今のままでもいいのよ」と、子供を許し、すべてを受け入れるのです。

許すことは、決して「甘やかす」ことではありません。

「変わること」を強要するより、「今のままでもいいのよ」と認めてあげたほうが、子供が変わってくれる可能性は格段に高くなるのです。

子供自身も当然、この世に生まれてきた以上、幸せな人生を歩みたいと思っているに決まっています。心のわだかまりを取り払ってやれば、自分の力で幸せに向かって歩き始めることでしょう。

恋人や友人がなかなかできないと悩んでいる人は、何とかして他人と親しくなろうと必死になってしまいます。

しかし、誤解を怖れずに言えば、人付き合いにおいて、「必死になる」のはよくありません。

必死で他人と親しくなろうとする人は、えてして「相手に自分を認めさせること」ばかり考えてしまいます。自分のことで頭がいっぱいになり、冷静さを失い、人間関係でもっとも重要な「相手を思いやる気持ち」を忘れてしまうのです。

そういう利己的な態度こそが嫌われ、結局、「自分はこんなに努力しているのに、どうしてそれを理解してくれないのか」と相手を責めることになってしまいます。

「親しくなれればうれしいけど、そうならなくても別によい」と気軽に考えたほうが、結果的にはうまくいくものなのです。

自分の主張を押し通そうとするから、必死になってしまうのです。相手の人間としての価値を認め、尊重するのに、必死になる必要などありません。

相手が自分を認めてくれてもくれなくても、自分はただ、相手を無条件に認めればよいのです。そういう人こそが、結果的に、多くの人に認めてもらえるのです。

人間関係にも、力学と同様、「作用・反作用の法則」が働いています。自分を押しつけようとすればはね返され、相手を認めれば自分も認めてもらえます。

自分を愛せない人は、「今の自分は嫌いだ。何とかして変わりたい」と、現在の自分を否定してしまっています。

しかし、否定から進歩は生まれません。

逆説的に聞こえるかもしれませんが、「今のままでもいい」と受け入れてはじめて、成長することができるのです。

人間は、一生かけても完璧にはなれません。程度の差はあっても、死ぬまで発展途上なのですから、同じことです。発展途上の現在を否定することはありません。

今の自分を土台として、これから少しずつ積み上げていけばいいのです。

自分自身を愛するために心にとめておくべきことは、「他人と自分を比べて、焦りや不安を抱かない」ということです。

自分が八十点であるとき、他人が七十点なら自分は幸福だが、他人が九十点なら自分は不幸、などというばかげた考えは捨てることです。

他人と比較しての優越感など、本当の幸せではありません。

思想家のモンテスキューは、いみじくもこう述べています。

「ただ単に幸せになりたいと思うなら、それは簡単に実現できる。ところが我々は、他人よりも幸せでありたいと願う。それが難しいことなのだ」

他人と比較することなく、ただ「幸せになる」ことは、今すぐにでも、誰にでもできることです。

まず、現在の自分をありのままに認める。それだけでよいのです。

自分に「ないもの」を数え上げてもきりがないのと同じように、「与えられたもの」も、数え切れないほど無限にあるはずです。

STEP 14

自分を好きになるための第一歩

どんなに嫌な性格の人も、好きこのんで他人から嫌われているわけではありません。せっかくこの世に生まれてきて、わざわざ不幸になりたいなどと思う人は、ひとりもいないでしょう。

他人から嫌われる性格の人が、嫌われると判っていながら、なぜ悪い性格を直せないのかと言えば、心の底では、「そんな私の心を誰かに理解してほしい」と切実に願っているからです。

親にかまってもらえない子供が、いたずらをして親を困らせるのと同じです。普通に振る舞っていたのでは、誰も自分の心の痛みに気づいてくれない。だから、他人に嫌われると判っていても、あえて反感をかうような言動になってしまうのです。そこまでしてでも、「私は、こんな嫌な性格になってしまうほど、傷ついて生きてきたのよ」ということを誰かに理解してほしいのです。

自分を卑下してしまう人は、他人に気を遣い、神経をすり減らし、いつも心は疲れ切っています。しかし、他人に気を遣うといっても、本当の意味で他人を尊重しているのではなく、自分が嫌われたくないから、感情を押し殺し、他人のご機嫌をとっているにすぎないのです。

そういう人は、結局、自己中心的で卑怯な人間に利用されるだけです。自己中心的な人間は、他人が自分に気を遣うことを要求します。

他人のご機嫌ばかり気にする人は、自己中心的な人に認めてもらうことで、「自分の努力が報われた」と勘違いしてしまいます。

そして、見捨てられないために、さらに虚しい努力を重ね、ますます他人のご機嫌を気にかけてしまいます。

穴のあいた舟に乗って、必死で水をかき出しているのと同じです。沈むのを防ぐことに精一杯で、けっして前へは進めないのです。穴のあいた舟に乗ってしまったこと自体が間違いであったことに気づかなければなりません。

自分を卑下していた人が、真の自我に目覚め、自分の素直な感情に従って生きようとすれば、まわりの自己中心的な人たちは、それを非難するでしょう。自己中心的な人たちは、他人が自分の意のままに動いてくれなければ気がすまないのです。何とかして、その人を蟻《あり》地獄に引き戻そうとするでしょう。

そこで思いとどまってはいけません。むしろ、自己中心的な人たちから疎《うと》まれることこそが、健全な精神をもった証拠だと言えるのです。

真の自我に目覚めるためには、まず、自分の感情をありのままに感じることから始めなくてはなりません。

他人に理解を求めるのではなく、まず、自分が自分を理解するのです。

他人と付き合うのが怖いという人は、実は他人が怖いのではなく、自分が他人に対して憎しみを感じることが怖いのです。

自分は、他人を憎むような心の貧しい人間ではない。そう思い込みたいがために、腹が立っても、怒りを封じ込め、ごまかそうとします。

自分が他人を嫌っているのに、逆に他人のほうが自分を嫌っていると思い込み、自分は嫌われても仕方がない、価値のない人間だと卑下します。憎しみという不快な感情を抱くより、自分を責めていたほうが楽だと考えるのです。

感情とは、心の内側から自然に湧き上がるものです。

他人に腹が立ったなら、怒りを感じてもよいのです。怒りは、はっきり自覚してさえいれば、それほど害にはなりません。感情を抑圧し、言い訳をしてごまかそうとすることのほうが、よっぽど精神に悪いことです。

自分の心にさえ嘘をつかなくてはならない情けなさ、ふがいなさが、自己嫌悪につながります。

うれしい。悲しい。恥ずかしい。腹が立つ。自分の感情をありのままに感じることが、自分を好きになるための第一歩です。

STEP 15

劣等感が大きい人ほど他人の欠点に敏感になる

誰にも認めてもらえず、ずっと心を閉ざして生きてきた人が、ある優しい人との出会いによって、はじめて「自分を受け入れてもらえる喜び」を知り、幸せに目覚めるという話は、よく聞きます。

それはそれで、すばらしいことです。自分に自信がもてず苦しんでいる人の多くは、そういう幸運を期待しているでしょう。

しかし、もっと大きな幸せが存在します。それは、「自分がつくりあげる幸せ」です。

他人に裏切られることはあっても、自分に裏切られることは絶対にありません。「自分がつくりあげる幸せ」には、揺るぎない強さがあります。生涯の大きな自信となります。

自分に自信がもてないという人は、「自分の弱さ」に悩んでいるのではなく、実は、「他人が自分を正当に評価してくれない」ことで苦しんでいるのです。

何か目標をもって努力してみても、「努力している自分」の中に価値を見いだすことができず、すぐに表面的な結果を求め、「他人がそれをどう評価してくれるか」を気にかけてしまいます。

「自信がもてない」という嘆きの裏には、「自分を認めてくれない他人」への非難があります。

本当は、「まわりの他人が、もっと積極的に自分のことを尊重してくれれば、こんなに苦しまずにすむのに」と言いたいのです。

「なかなか友人ができない」と悩んでいる人は、「誰かと仲良くしたい」と思っているのではなく、「誰かに仲良くしてほしい」と思っています。

自分の意志によるものではなく、他人の気分ひとつによって簡単に左右されてしまうものに悩んでいるから、いつまでたっても自分の力では解決できないのです。

嫌味な会社の同僚、思いやりのない恋人、意地悪ばかりする嫁、姑……。心ない他人に傷つけられているせいで自分は不幸なのだ、と嘆いている人も多いことでしょう。相手が心を入れ替えて、もっと自分を尊重してくれたら、自分も少しは相手に優しくしてあげられるのに、と思っている人もいるかもしれません。

しかし、互いに「相手が変わらなければ、自分も変われない」と思っていては、まったく進歩がありません。

相手に変わってほしければ、まず自分の「相手に対する態度」を変えなければならないのです。

「相手のほうが間違っているのに、どうして自分が変わらなければならないのか」と、譲歩することが敗北であるかのように考えてはいけません。かたくなに譲らない人のほうこそ、実は敗者なのです。

「相手が変わったおかげで、自分も変われた」というのでは、相手のほうが上手《うわて》だということになってしまいます。

「意地っ張りな他人」を非難しておきながら、本当に意地を張っていたのは自分だったということです。そのほうが、かえって悔しい結果ではないでしょうか。

他人と勝負したいなら、「どちらが先に折れるか」で張り合うのではなく、「どちらが精神年齢が上か」で競い合えばよいのです。

誰かがあなたにつらく当たるのは、やはりあなたに対して何か不満があるからです。

もしあなたが、「自分には何ひとつ落ち度はない」と思っているのだとしたら、そのごう慢な思い上がりこそが、最大の過ちだといえるでしょう。

相手に譲るということは、自分の主張を曲げて相手に屈することではありません。自分の考えと同じくらいに、まず相手の考えも認め、共感してあげた上で、自分の意見を述べればよいのです。

どんなに意地っ張りな人も、他人に共感してもらえれば、意地を張る気力など失せてしまうはずです。

「他人が先に変わること」を求めるのは、幼稚な子供です。

「他人が悪い」のがたとえ事実だとしても、そんなくだらないことにこだわるのは、ばかげています。他人の悪い部分に簡単に影響されてしまう自分を改めるべきです。

他人の悪いところをいちいちあげつらっていては、一生かけてもきりがありません。
劣等感の大きい人ほど、他人の欠点に対しても敏感なのです。

先に自分が変わることで、人生の満足度は大きく変わります。
他人が自分を尊重してくれなくても、自分は他人を尊重すればいい。
他人に裏切られても、自分は他人を裏切らなければいい。
自分の幸せは、自分の意志でつくり上げるものなのです。

人付き合いに勝ち負けはありません。
「損をすること」に怯えて神経をすり減らすよりも、「損得など気にしない」ことのほうが、はるかに心豊かに生きることができ、自分にとっては絶対に「得」なのです。

第3章

誰からも愛されない不安　自分に自信がもてない

……こころがくもっているとき

STEP 16

愛されなくても幸せを感じられる人になる

どうすれば愛される人間になるのか。愛を得られず悩んでいる人なら、誰もが抱いている疑問でしょう。

なぜ愛されたいのかといえば、当然、幸福な人生を送りたいからです。人間のあらゆる欲求の最終的な目標は、「幸福になる」ということです。

行き詰まったときは、「愛情を得る」ことばかりにとらわれるのをやめて、「幸福とは何か」を考え直してみるのも、ひとつの手段です。

他人から愛されるということは、もちろん幸福の大きな要因ですが、「愛される人」というのは、「愛されなくても幸せを感じられる人」だからこそ、愛してもらえるのです。

「愛されなければ幸せを感じられない人」は、つねに他人に愛を要求し、確認し、それを失う不安に怯えています。結局、いくら愛されても心は満たされません。そういう態度が、他人からうっとうしがられるのです。

人生を変えようと思えば、まずしなければならないことは、現在の自分を否定することではなく、「今のままでもよいのだ」と受け入れることです。

自分をありのままに認めることなくして、成長はありません。

何百坪もの豪邸に住み、外車を何台も所有し、高級料理しか口にしない人は、はたして幸せと言えるでしょうか。

「そこまでしなければ満足できない、精神を病んだ人」と言い換えることもできるのではないでしょうか。

「そこまでしなければ満足できない」というのは正しい表現ではなく、そういう人は、どれだけ物質的に満たされても、永久に満足できないのでしょう。満足できないからこそ、果てしなく物質的な豊かさを求めてしまうのです。

「お金がないから、自分は不幸なのだ」と思っている人は、どれだけ多くのお金を手に入れても、けっして幸せにはなれません。

もちろん、お金持ちで幸福な人もいますが、そういう人は、お金があるから幸福なのではなく、「お金がなくても幸せを感じられる人」だから、幸福でいられるのです。

「愛されなければ幸せを感じられない人」は、いくら愛されても、けっして幸せにはなれません。「もっと、もっと」という要求が増すとともに、愛情飢餓感もふくらんでいくのです。

まず、「愛されなくても幸せを感じられる人間」になることを考えなくてはなりません。

けっして、愛を否定するわけではありません。

矛盾する言い方のようですが、愛に満たされて生きることは、幸福の絶対条件です。大切なものだからこそ、当然のように要求するのをやめて、与えられたときには、素直に感謝する心構えをもたなくてはならない、ということです。


自分に与えられた幸せを数えあげてみてください。

自分にとっては当たり前のものでも、それを与えられなかった人から見れば、あなたはうらやましいくらいに幸せなのです。

朝、布団の中で目覚め、自分の足で洗面所に行って顔を洗い、朝食をとり、会社や学校にでかける。それだけのことでも、たくさんの幸福を発見できるはずです。

「自分には何ひとつ幸福なことなどない」と思っている人は、そのごう慢さゆえに罰を受けているのです。

すべてを与えられた人はいませんし、まったく与えられなかった人もいません。

人それぞれ、幸福の種類が違うというだけの話です。

不幸を嘆いている人は、与えられたものに感謝せず、ないものばかりを数えているのです。

「隣の芝生は青い」という見方を捨てなければ、どれだけ幸福を得ても、満足できることはありません。

STEP 17

時には暗く落ち込んでもいい

好きな人がいるのに、なかなか気持ちを打ち明けられない。
いきなり告白して、変に思われないだろうかと不安だ。
相手が自分をどう思ってくれているのかが判らない。
相手の前に出ると、どぎまぎして、何も話せなくなる。

このように悩んで、なかなか恋愛の第一歩を踏み出せずにいる人は、よく言えば純情で謙虚ですが、悪く言えば、自分を格好よく見せようという気持ちが強すぎる高慢な人だと言えます。

何ごとも、完璧主義に陥ってしまっては、自分を苦しめるだけです。

恋愛に臆病な人は、まず「相手が自分に好意をもってくれているか、どうか」

をはっきりさせなければ何も始まらない、と思い込んでいます。

「自分は相手に好かれている」という確実な安心感が得られなければ、恋愛に踏み込めないのです。

しかし、実際に恋人同士として交際することになっても、ときにはケンカをしたり、意見が食い違ったりして、一時的に相手の顔も見たくないと思うこともあるでしょうし、逆に、相手から反感をもたれて悲しい思いをすることもあるでしょう。

愛情に絶対確実な保証を求めることは不可能です。まず、「人の気持ちなどというものは、移ろいやすいものなのだ」ということを受け入れなければ、恋愛を始めることはできません。

言ってみれば、世の中に確実なものなど何ひとつありません。明日の自分の命だって、まったく保証はないのです。

明日、交通事故で死ぬかもしれませんし、不治の病に冒されるかもしれません。だからといって、今日、幸福に向かって歩み始めることが無意味だと言えるでしょうか。

恒久的な安定を求めれば求めるほど、現在の安定感を失ってしまうという皮肉な結果に終わってしまいます。


生きている人間同士の感情のもつれ合いは、イエスかノーか、ふたつにひとつとはっきり割り切れるものではありません。

関係がよいときもあれば、悪いときもある。楽しいときもあれば、つらいときもある。揺れ動きながら進行していくものです。

山あり谷あり、ギザギザのカーブを描きながらも、全体的には少しずつ上昇していれば、それでよいのではないでしょうか。

はじめから完璧を目指し、気を張りつめていては、自分も相手も疲れてしまいます。

人付き合いとは、あくまで「楽しむためにするものである」ということを忘れてはいけません。結果ではなく、過程そのものに意味があります。

今、相手が自分をどう思ってくれているかが判らないのなら、これからよい関係を築く努力をすればよいのです。

「まず、できることからスタートする」という気持ちが大切です。

完璧主義の人は、「つねにポジティブでなければならない」、「怒りや嫉妬など、みにくい感情を抱くことは許されない」などと、堅苦しく自分を律してしまいがちです。

自動車の人間は誰も、そんなに完璧にはなりえません。

にも、適度ないい加減さが必要です。「遊び」がなければかえって危険であるように、人間の心

明るい性格の人でも、他人の何気ない一言で落ち込んだり、腹を立てたりして

いるものです。しかし、明るい人は、それをいつまでも引きずらず、気持ちを切り替えるのが早いのです。

悲しいこと、つらいことがあって落ち込んだときは、「心が風邪を引いている」ぐらいに軽く受け入れて、落ち込んでいる自分を客観的に、冷静に見つめましょう。

「落ち込んではいけない、暗くなってはいけない」などと堅苦しく考えていては、いつまでも気持ちの整理がつきません。

ときには暗く落ち込んだり、恋人との関係が気まずくなったりしてもかまいません。つねに完璧を維持することなど不可能なのです。

人生は、「いいこともあれば悪いこともあるけど、平均すれば、まずまず幸せ」なら、それでよいのです。

STEP 18

見捨てられる不安を捨てる

他人の優しさや好意に対して、素直に感謝できない、という人がいます。

他人の好意を拒絶する人は、また一方では、無意識のうちに安心を感じていま
す。先に自分から相手を拒絶しておけば、「見捨てられる不安」に怯えなくても
すむからです。

自分に自信のない人は、他人から優しくされても、それに感謝し、喜ぶことが
「怖い」のです。

相手は、今は優しくしてくれていても、いつかは裏切り、自分を見捨てるだろ
う、という不安をつねに抱えてしまっています。

見捨てられたときのショックを想像すれば、「優しくされていい気になってい

た自分」がみじめに感じられると思い、現在を素直に喜ぶことができないのです。

恋人が浮気をしていないかを心配し、行動を監視したり、メールを盗み読んだりしてしまう人は、裏切られることを怖れながら、また一方では、恋人が「隠れて浮気をするような卑怯な人間」であることを密《ひそ》かに期待しています。

浮気をされたのであれば、恋人との関係が破綻《はたん》しても、自分に愛される価値がなかったわけではなく、「相手が卑怯な人だった」という言い訳ができ、自分は「裏切られたかわいそうな被害者」でいられるからです。


そういう人がもっとも怖れていることは、浮気をされることよりも、「ほかに好きな人ができたわけではないけれど、あなたが嫌いになった」という決定的な審判を下されることなのです。

「いい人に嫌われる」ということは耐えがたいショックなので、何とかして相手を卑怯な悪者に仕立て上げようとしてしまうのです。

「見捨てられる不安」に怯えていては、いつまでたっても他人と健全な関係を結ぶことはできません。

実際に見捨てられることがあるのだから、不安を感じるのは仕方がない、と考えてはいけません。不安に怯えてばかりいるから、本当に見捨てられてしまうのです。

「見捨てられる不安」をもたない人も、他人との関係が破綻することはあります。誰にでもありうることなのです。

いくら不安に怯えても、完全に防ぐことはできません。

「不安に怯えようが、怯えまいが、なるようにしかならない」という開き直りが必要です。

むしろ、不安を捨てたほうが、実際に他人から嫌われる確率は格段に低くなるはずです。

不安に怯えてしまう人は、怯えるから嫌われ、嫌われるから怯えてしまう、という悪循環の中で苦しんでしまっているのです。

他人を拒絶してばかりいる人は、「世の中の誰からも相手にされなくなった自分」を想像してみてください。とても恐ろしいことです。

自分が拒絶されたくなければ、やはり自分も相手を拒絶してはいけません。

ただし、付き合う相手を選ぶということも重要です。自分を見下したり、傷つけたりするような人とまで、無理をして付き合う必要はありません。

人は誰も、自分だけの力で生きているのではありません。支え合ってくれる他人が存在するということは、ありがたいことです。

たまに嫌なことがあっても、トータルで考えれば、付き合ってくれる他人の存在は、やはり自分にとってプラスであるはずなのです。

自分が他人を必要としているから、他人と付き合っているのだ、という事実をはっきり自覚し、それに感謝しなければなりません。

STEP 19

愛を始めることは簡単だが、続けることが難しい

ある異性のことを好きになると、その人のことで頭がいっぱいになります。寝ても覚めてもその人のことばかり考え、ほかのことはまったく手につかなくなることもあります。

その人と恋人同士として付き合うことができたら、どんなに幸せだろう。毎日一緒にいることができたら、あんなこともしてみたい、こんなこともしてみたい。うきうきと楽しい夢に思いを馳せます。

それ自体は、素晴らしいことです。人を愛すれば、少しでも長く一緒にいたい、あらゆることを共有したいと思うのは当然のことです。

しかし、「逆もまた真なり」ではありません。

相手のことで頭がいっぱいだからといって、それを「純粋な愛」だと思い込んでしまうところに、大きな落とし穴が潜んでいます。

「相手のことばかり考える」のと、「相手を思いやる」のとは異なります。

いつも相手の顔ばかりが頭に浮かび、「この人に愛されたらどんなに幸せだろう」と夢見るのは、単なる自分の「欲求」でしかありません。それは愛の大きさではなく、「愛されたいという欲求の大きさ」にすぎないのです。

「愛されたいと願うこと」は、何の努力も必要とせず、誰にでもできる簡単なことです。よちよち歩きの赤ん坊だって、母親に愛情を要求します。

それだけのことで、「私は、こんなにもあなたのことを愛している」などと恩に着せるような言い方をしてはいけません。

そういう執着気質の人はたいてい、その押し付けがましさゆえに敬遠され、

「どうして私の切なる思いを判ってくれないのか」と、逆に相手を責めることになります。

そして、「どうせ他人を愛しても、拒絶されて傷つくだけだ」と、恋愛に恐怖心を抱き、ますます自己嫌悪に陥ってしまいます。

しかし、そこで立ち止まって考え直してみてください。

「他人に執着すること」を愛情だと勘違いしてはいけません。

ストーカーになってしまうような執着気質の人は、自分のことを「純粋で一途な人間」だと思い込んでいるので、始末が悪いものです。

単に「相手のことで頭がいっぱいになっている」状態が愛なのではありません。

そういう人はまた、相手にも「私のことばかり考えてくれること」を要求しますが、そんな無味乾燥で不毛なやり取りは、いたずらに精神を労費させるだけです。

愛は、もっと積極的な努力を必要とするものです。

努力といっても、「相手の気を引くための努力」ではありません。相手の性格を理解し、相手が何を考えているかを想像し、どうされれば嬉しいのか、何が相手にとっての幸せなのかを考えてあげることです。

それを押し付けではなく、あくまで相手の立場と気持ちを考えながら、示してあげなくてはなりません。

「他人が自分のことをどう思っているかが気になって仕方がない」という若者が増えていると聞きます。

それは、自分のことばかり考えていて、相手の立場になって考えていないからです。「自分の気持ちを判ってほしい」と押し付けるばかりで、相手を思いやる努力をしていないから、いつまでたっても不安なのです。

相手の立場になって考えずに、相手の気持ちが判るはずがありません。

そういう人は、たとえどんなに真剣に「愛している」と言ってくれる人が現れても、心から信じることはできず、「いつか嫌われるかもしれない」という不安に悩まされ続けるのでしょう。

執着気質の人は、絶対的で普遍的な結果を求めてしまいがちです。まず完全な安心感が得られなければ、恋愛関係を始められないと思っているのです。「永遠の愛を誓う」などというのは、美しい言葉ではありますが、最初からそんな形式的なことにとらわれても意味がありません。

相手をよく知りもしないうちから、「愛を誓う」ことなどできるはずがありません。

愛を始めることは簡単ですが、続けていくことが難しいのです。

好きな人ができたなら、まずは、「私は、あなたのそばにいることが嬉しくて仕方がない」という気持ちを充分すぎるほどに伝えてください。

好意を持たれれば、誰だって嬉しいものです。その喜びは自分の自信となり、生きる支えとなります。「好意を示す」だけでも、充分に「相手のため」になっています。

焦ってそれ以上の結果を求めようとするから、失敗するのです。

「今、自分は相手から好かれているか、嫌われているか」をはっきりさせる必要はありません。それよりも、「少しずつ、相手との良好な関係を築くために努力しよう」ということに意識を向ければ、ずいぶん気は楽になります。

「今、できること」をこつこつと積み上げていくほかには、愛を育てる方法はありません。

STEP 20

愛を告白するときの心構え

ある異性を好きになったら、勇気を出して愛を告白したほうがよい、ということは、誰でも判りきっていることです。

自分の好意を示すことによって、相手も自分を好きになってくれ、お互いの愛情に発展する、ということも往々にしてあります。

それは判っているのに、度胸がなく尻込みしてしまう人も多いことでしょう。やはり断られることが怖いのです。

しかし、交際を断られたからといって、自信を失ってはいけません。自分の全人格を否定されたと思いこむのは間違っています。

あなたがその人を好きになったのは、まさに「好みのタイプ」だったからでしょう。あなたに好みのタイプがあるのと同じように、相手にも当然ながら好みのタイプがあります。

活発な人が好き、のんびりしている人が好き、スポーツができる人が好き、頭の回転が早い人が好き、遊び心のある人が好き、まじめな人が好き……。

客観的にどれがよい、悪いということはいえません。単に個人の好みの問題です。

自分が、たまたま相手の好みのタイプでなかったなら、そのときは、どうあがいても仕方がありません。他人の好みばかりは変えられないのです。

犬や猫などのペットをかわいがる人もいれば、動物がまったく苦手な人もいます。

犬が嫌いな人に向かって、「ほら、かわいいだろう」と犬をけしかけるのは、嫌がらせでしかありません。

誠心誠意、自分の愛情を示せば、たとえ交際を断られたとしても、少なくとも嫌われるということはありません。相手にとって、好意をもたれるということは、うれしいことのはずです。

どうせ叶わぬ愛なら、「相手が、自分のことをよい思い出としてずっと記憶にとどめておいてくれること」が最良の結果です。それ以上を望み、悪あがきをして、逆に嫌われてしまうのは、非常にもったいないことです。

自分の相手に対する愛情のみを、誠実に伝えればよいのです。「相手の気を引くこと」まで考えてはいけません。こちらの好意をどう受け取ってくれるかは、相手が決めることです。

できるかぎりの誠意を示して、それでも断られたなら、仕方がありません。その覚悟は、告白する前から決めておくべきなのです。

多少は気まずい思いも残るでしょうが、別に悪いことをしたわけではないのですから、恥じることはありません。堂々としていればよいのです。

あなたが好きになった人は、人間としてまともな良識をもった人でしょう。断るにしても、できるだけあなたが傷つかずにすむ言い方を真剣に考えてくれたはずです。断られて傷ついたのどうのと言う前に、相手が真剣に対応してくれたことに対して、お礼を言うことのほうが先です。

もし交際を断られたとき、「どうして私の気持ちを判ってくれないのか」と逆に相手を責める気持ちが生まれると思うなら、告白するのはやめておいたほうがよいでしょう。おそらく、そういう性格こそが嫌われます。

「断られるのが怖い」というのは、相手を思いやる気持ちではなく、自分の不安の深さであり、利己心の大きさなのです。それを愛情の大きさだと勘違いしてはいけません。

「簡単にはあきらめきれないほど愛している」と言えば聞こえはいいですが、それはまた、「自分の思い通りにならなければ気がすまない」というごう慢さだと言い換えることもできます。

断られたときの逃げ道、言い訳を用意しようとすれば、ますます不安と自己嫌悪は大きくなります。

「自分は、たまたま相手の好みのタイプではなかった」ということをいさぎよく受け入れるよりないのです。

自分を好きになってくれないからといって、相手を責めたり、ストーカーのようにつきまとって困らせたりするのは、もはや愛情ではなく、悪意です。自分の劣等感を認めるのが怖いから、相手を悪者にしてごまかしているのです。

悪意があるのなら、嫌われても仕方がありません。逆に言えば、悪意がないのに嫌われるということはありえないのです。

「愛されたい」という欲求は、人間なら誰でももっているもので、悪いことではありません。

その欲求を自分の向上心に向ければよいのですが、横着をして他人にぶつけてしまえば、ただのみにくいエゴイズムとなり、まわりを困惑させ、ひいては自分を苦しめる結果となってしまいます。

人を好きになるということは、すばらしいことです。自分を成長させる大きなエネルギーとなります。好きな人ができたなら、まずその喜びに感謝しましょう。愛が必ず実るという確証は誰にもありません。しかし、心構えさえしっかりしていれば、その結果がどうなろうとも、自分の人生にとってマイナスになるということはありません。

たとえ交際を断られても、「私の人生に充実感を与えてくれてありがとう」と相手に感謝できる心の準備ができたなら、思い切って、憧れのあの人に愛を打ち明けてみてください。

STEP 21

本気で愛されたいと願うなら

人間の欲望には果てがありません。

給料が二十万円の人は、「せめて二十五万円あれば」と思いますが、現実に二十五万円の給料が得られるようになれば、今度は「三十万円くらいはほしい」となってしまいます。

病気で入院したときは、「健康が一番だ」と思いますが、病気が治って元気になり、日常生活に慣れたころには、またささいなことに不満が募ります。

今、あなたが何かに対して不満を抱いているとして、たとえその不満が解消されたとしても、さらに高い欲望を訴え、新たな不満を感じてしまうことでしょう。

欲望から要求が生まれ、要求から不満が生まれます。欲望に果てがない以上、不満にもかぎりがありません。

現在に不満を抱いている人は、結局、どのような人生を送ろうとも、一生不満を抱くことになるでしょう。時間とともに不満の種類が変わるというだけのことです。

根本的に不満を解消する方法は、「欲望を抑えること」しかないのです。と言っても、修行僧にでもなるというのでなければ、俗世で生きる私たちにとって、完全に欲望を断ち切るというのは、不可能に近いことです。

適度な欲望は、向上心には欠かせないもので、悪いことではありません。まったく欲がないのは、「無気力」と同じです。

大きすぎず、小さすぎず、適度な欲望をもつということが、心豊かに暮らすための秘訣です。

人間にはさまざまな欲望がありますが、もっとも人間を苦しめるのが、「愛されたいという欲望」です。

もちろん、誰でも、他人から愛されれば嬉しいものです。愛情を受けるということは、生きることの張り合い、支えとなることで、とても大切なものです。

しかし、それは結果的に感謝すべきもので、当然のように要求するものではありません。

せっかく人間に喜びを与えてくれるはずの愛というものが、要求してしまった途端、人間を絶望させるほどの苦しみに変わります。

愛を要求する人は、他人に拒絶されるか、その弱みにつけ込もうとする心ない人に利用されるか、どちらにしても、不幸な結果しか招きません。

欲望に苦しめられたときは、「人間の欲望には果てがない」という真理をよく思い出してください。

愛を要求する人は、えてして、他人に感謝する気持ちを忘れてしまいがちです。

仮に願いが叶ったとしても、それを当然のこととして、さらに強い要求をして、またぞろ不満を抱いてしまいます。まったくきりがないのです。

他人から愛されている人は、けっして愛を要求したから得られたのではありません。むしろ、要求しないからこそ、他人から「積極的に」愛してもらえるのです。

強引に愛を要求し、望み通りの愛が得られることなど、人間が空を飛ぶのと同じくらいに不可能なことです。あなただけではなく、この世の誰にも不可能なことです。できないことを望むから、苦しいのです。

まず、「他人を愛すること」そのものに喜びが感じられなければ、いくら他人に愛情を要求しても、永久に心が満たされることはありません。

仕事でも、「上司に嫌なことを言われた」、「同僚は自分よりも楽をしている」

など と愚痴ばかりこぼしている人は、仕事そのものにやりがいを感じておらず、「いやいやながらやっている」という意識の強い人です。

次々に不満が生まれるのは、まわりのせいではなく、自分に意欲がないからです。

「自分がお金を稼ぐために、自分の意志で働いているのだ」ということを忘れてはいけません。

積極的な意志をもって行動している人は、他人の態度などいちいち気にかけないものです。

あなたが通りを歩いていて、財布を落とし、通りかかった人に拾ってもらったとします。

さりげなく「落としましたよ」と言って渡されれば、素直に感謝できるでしょうが、「さあ、礼を言え!」と強要されたら、口だけでは「ありがとう」と言っても、心から感謝することはできないでしょう。

同じように、「私を愛してくれ」と他人に強要して、無理やり「愛している」と言わせたとしても、けっして心から愛されることはありません。

愛されたいと願うなら、まず他人の立場になって、相手のそういう気持ちを想像することからはじめなければなりません。

「愛されたい」と願うこと自体は、人間として当然のことで、卑しいことではありません。しかし、その欲望をむき出しにしてしまう人は、他人から敬遠されてしまいます。

お金がほしいからといって、強盗をして他人から奪えばいいというものではありません。知恵をしぼって、合法的にお金を儲ける方法を考え、努力する必要があります。

愛情も、短絡的に直接要求するのではなく、時間はかかっても、正当な手段で得る方法を考えなくてはなりません。そういう態度こそが、その人の魅力であり、向上心であり、人間性なのです。

他人から愛されるためには、まず「自分が幸せに生きること」が必要です。自分が幸せになれば、自然に他人も幸せにしてあげたいと願うようになるはずです。他人の幸せが、また自分にも返ってくるのです。

欲望を感じつつも、その欲望だけがひとり歩きしないよう、うまくコントロールし、有効に活用できる人が、幸せな人だといえるでしょう。

STEP 22

愛されなかったとき、どう対処するか

ゲーテの古典文学『若きウェルテルの悩み』で、ウェルテルは、愛するロッテがほかの男性と婚約したことを祝福しながらも、狂気の中で日記にこう記しています。

「ぼくだけがロッテをこんなにも切実に心から愛していて、ロッテ以外のものを何も知らず、理解せず、所有もしていないのに、どうしてぼく以外の人間がロッテを愛しうるか、愛する権利があるか、ぼくには時々これがのみこめなくなる」

人を愛すれば、自分も愛してほしいと願うのは当然のことです。

「愛は与えるもので、要求するものではない」と頭では判っていても、愛する人を独占したい、人生のすべてを共有したいと思うことは、仕方のないことです。

愛する人がほかの人に占有されているのを見ることは、ウェルテルのように、気が狂いそうになるほどつらいことでしょう。

しかし、ここで忘れてはいけないことは、そもそも「愛されたいという感情は利己的なものである」という真理です。

望み通りの愛が得られないとき、ときに私たちは、まったく逆の憎しみという感情を抱いてしまいます。

「私はこんなに愛情を示してあげているのに、どうしてあなたは、それにきちんと応《こた》えてくれないのか」と、相手を批判することで、自分の心をごまかし、苦しみから逃れようとしてしまいます。

「被害者意識」が憎しみを生み出します。

「愛されたい」という欲求を完全に抑えることは、おそらく不可能でしょう。人間なら本能的に誰しももっている欲望で、それ自体が悪いとは言い切れません。

人は、他人に愛されたいから、自分を磨く努力をします。愛されたいという感情は、向上心には欠かせません。


しかし、「自分だけをいつまでも愛してほしい」という願いは、多分に利己的で身勝手な欲求である、ということをつねに頭にとどめておく必要があります。

その利己的な要求を叶えてくれないからといって、相手を批判する権利などないのです。

愛は叶えられなくて当然、叶ったときには心から感謝しなくてはなりません。

愛が叶わなかったときにどういう態度をとるかで、その人の人間性が判ります。


望み通りの愛が叶うことは、奇跡に近いほどまれなことでしょう。ほとんどの人は、叶わぬ愛に苦しみ、悩んでいます。

しかし、その感情が「利己的なものである」ということを認識するだけで、苦しみはずいぶん和《やわ》らげられるはずです。

愛されたいという欲求は抑えられなくても、それが利己的であるということを知っているのといないのとでは、大きな違いがあります。

すべてが自分の思い通りになれば幸せなのかというと、そんなことはありません。

人間は横着ですから、苦しみや悲しみがなければ、流されるままに生きて、自分を真剣に見つめ直すことはしないでしょう。

愛が受け入れられなかったときこそ、自分の人間としての本性が試されるときです。

苦難は、神が人間に「本当に大切なもの」を気づかせるために与えたものなのです。

第4章

すぐにイライラ、不機嫌になる　毎日不満だらけ

……こころがちらかっているとき

STEP 23

生活のテンポを落としてみる

先日、近所を歩いていたときのことです。

広い通りの横断歩道を渡ろうとしたところ、信号が赤にかわりかけていたので、わざわざ走って渡ることもないと思い、待つことにしました。

後ろから、若いお母さんと、幼稚園児の娘さんが猛然と駆けてきました。お母さんは、「早く！　急ぎなさい！」と、娘さんに叫んでいます。娘さんは、今にも泣き出しそうな顔で、必死でお母さんの後を追ってきていました。

結局、母娘は間に合わず、信号は赤にかわってしまいました。お母さんは、「ほら、あんたがグズグズしてるから、渡れなかったじゃないの！」と、娘さんを叱りつけました。娘さんは、ついに大声を上げて泣き出してしまいました。

よほど急がなければならない事情があったのだろうと思って見ていると、信号が青にかわった後、そのお母さんは、特に急ぐ様子もなく、悠然と歩いていきました。

信号を待つ時間など、ほんの数十秒の間です。一日二十四時間の中で、数十秒の損が、それほど重大なものでしょうか。

娘さんにしてみれば、のんびり、お母さんと会話を楽しみながら歩きたかったのではないでしょうか。

お母さんも悪気があったのではないでしょうが、青信号が点滅しているというだけで、「早く渡らなければいけない」と勝手に思い込んでしまったのです。

自分の勝手な思い込みを、娘さんにも押し付け、それに従わないからといって叱りつけるのは、身勝手ではないでしょうか。

都会では、駅などのエスカレータで、片側（関東は右側、関西は左側）を急ぐ人のために空けておくという、奇妙な暗黙のルールが、いつの間にかできてしまっています。

二列になれば、皆がスムーズに乗れるのに、右側を空けなければならないために、エスカレータの乗り口が混雑しているときがあります。

エスカレータの上をわざわざ歩いたからといって、どれだけ速くなるというのでしょうか。せいぜい、十秒ほどの違いではないでしょうか。

せまいエスカレータを歩くのは、他人にぶつかって転倒させる可能性もあり、大変危険です。お年寄りや足の不自由な人は、いつも冷や冷やしているのです。

たまに、右側で止まっている人に対して、「邪魔だ、どけ！」と文句を言っている人がいます。何十分も待たせられたのならともかく、たった十秒を急ぐために、なぜそこまでイライラするのでしょうか。足腰を鍛えるために歩くというのなら、階段を使えばよいのです。

電車に駆け込み乗車をする人、黄信号を強引に突っ切ろうとして立ち往生する車、人通りの多い道を自転車で縫うようにして走る人……。何をそんなに急ぐ必要があるのだろう、と不思議に思うくらい、せかせかと急いでいる人がいます。おそらく、深く考えもせず、特に理由もなく、「ただ急いでいる」だけなのでしょう。

他人に危害を及ぼす危険をおかしてまで急ぐ必要のある人が、いったいどれだけいるというのでしょうか。特に、駅のホームや階段などの危険な場所で走るのは、犯罪とも呼べる愚かな行為です。

赤信号で止まったり、電車に乗り遅れたりして、イライラしたときは、ひとつ深呼吸をして、冷静に考え直してみてください。

「わずか数十秒、数分の遅れが、私の人生に、いったいどれだけの影響を与えるというのだろうか」

ときには本当に急がなければならないときもあるでしょうが、そんなことはごくまれで、ほとんどの場合、一分一秒を急ぐ必要などないはずです。

駅のエスカレータをわざわざ歩かなければならないほど急いでいるならば、家をほんの数分早く出ればよかったのです。

いつも何かにせき立てられるように急ぎ、焦《あせ》り、イライラしている人は、生活のテンポを少し落としてみませんか。

イライラすることの原因のほとんどは、自分の勝手な思い込みです。

駅のホームに着いたとき、目の前で電車が発車してしまったとしても、悔しがることはありません。何も損などしていないのです。

「これで、本を読む時間が増えた」

「駅のまわりの景色をのんびり眺めてみよう」

「次の電車を待っている間に、懐かしい友人に再会したり、新たな出会いがあったりするかもしれない」

と思えばよいのです。むしろ、その方がわくわくして、心が躍りませんか。

生活のテンポを落としてみれば、心に余裕ができます。時間に関することにかぎらず、「自分の勝手な思い込み」を見直すきっかけになります。

自分の思い通りにならずに腹が立ったときは、まず、「こうあらねばならない」という思い込みを疑ってみてください。そして、自分に問いかけてください。「思い通りにならなかったといって、いったい、自分はどれだけ損をしたというのだろうか」と。

本当に腹を立てるべきことなど、めったにないはずです。

STEP 24

自分のこころに言い訳をしない

恋人に対して、「どうして〜してくれないのか」、「そういう態度が許せない」などと、文句ばかり言う人がいます。自分だけが損をしている、という被害者意識が強いのです。

しかし、率直に言って、その人と付き合うことが自分にとって損でしかないのなら、付き合わなければよいのです。

恋人がろくでもない人間なのだとしたら、そんな相手しか選べない自分も、同じように低レベルな人間だということになります。もっといい相手を選ぶ権利があるのなら、文句を言う前に、迷うことなく選んでいるはずです。

それを認める勇気がないばかりに、自分をごまかし、相手ばかりを責めようとする気持ちが、ますます憎しみを増幅させてしまいます。

本当は自分が他人を必要としているのに、「自分のほうが付き合ってやっている」と思い込もうとするずるさが、苦しみを生み出します。

その矛盾を指摘されることを怖れて、ごまかすことに必死にならなければなりません。

「あんな人と付き合って、損をした」としか思えないなら、「相手の選び方」か、「心のもち方」のどちらかが間違っています。

人付き合いに過剰なストレスをためてしまう人は、他人によって苦しめられているのではありません。自分の弱さをごまかすために言い訳をし続けることに、疲れ切ってしまっているのです。

「自分の心に言い訳をする」ことこそ、苦しみの最大の源です。

「どうせ自分なんか」と自分を卑下する人も、根本の心理は、他人を非難する人と変わりません。

自分に自信のない人は、心の奥に、他人に対する憎しみを封じこめています。自分は他人を嫌っているのに、他人から嫌われるのは怖いのです。嫌われたくないから、怒りを押し殺しています。

その怒りのやり場がなく、どうにも抑えきれないので、他人から反感をかわずにすむ唯一の対象、つまり自分にぶつけてしまいます。

自分を責め、自分の価値を否定し、ときには自分の身体を傷つける。それは本当は、「他人にぶつけたかった怒り」の表出なのです。

自分を卑下する人も、やはり自分の心をごまかしています。自分の心に、憎しみというみにくい感情が巣くっていることを認めたくないのです。

人は皆、弱いから、互いに関わり合って生きています。ひとりぼっちで生きられる人などいません。

弱いのは誰しもお互いさまで、別に恥ずかしいことではありません。自分の弱さを認めようとせず、強情を張ることのほうが、よっぽど恥ずかしいことです。自嘲や卑屈な開き直りではなく、素直に「自分は弱い人間だから、他人を必要としている」と認めれば、心は安らぎます。

自分に自信をもつためには、不快な感情がわき起こったとき、それをごまかさず、否定せず、ありのままに受け入れることです。

無理に直そうとしてはいけません。それはかえって逆効果です。よいも悪いもなく、ただ、自分の感情をはっきりと自覚するのです。

私は怒っている、私は悲しんでいる、私は恥ずかしがっている……。ありのままの自分を認めてください。

スパゲッティのようにこんがらがっていた心の糸が、一本、また一本と解きほぐれていき、本来の自分が見えてきます。

苦しみの大きさは、幸せになりたいという願望の大きさなのです。肉体に免疫力があるように、人間の心も、自然にまかせておけば、必ず、幸せに向かうようにできています。安心して、自分の「生きる力」を信じてください。

自分の心をごまかさず、ありのままに受け入れる習慣をつければ、きっと自分自身の価値を認められるようになります。

STEP 25

なぜこんなにストレスを感じるのだろう

いつも愚痴や他人の悪口ばかり言っている人は、まわりの人を不愉快にさせます。しかし、当人は、ほどよくストレスのガス抜きをしているので、精神の衛生という面から見れば、悪いことではないでしょう。

もちろん、そもそもストレスをためないようにするほうがよいのは、言うまでもありません。

いつも怒っている人よりも、さらに悪いのは、怒りを抑圧してしまう人です。

これは、ふだん「おとなしい人」と思われている人によく見られる傾向です。

表面上は怒りなどまったく感じていないように見えるのに、心の中では、抑圧された憎しみが渦巻いているのです。

抑圧は無意識のうちに行われているので、自身さえも気づいていません。自分の心をごまかしているうちに、自分でも本当に怒りなど感じていないと思い込んでしまうのです。

抑圧した感情が、心を内側からむしばんでいきます。

他人に対して、「どうして～してくれないのか」、「もっと～してくれればいいのに」と怒りを感じていながら、それがみにくい感情であることは判っているので、はっきりと口に出すこともできず、心の奥に閉じこめてしまいます。「自分は、他人を批判するようなひねくれた性格の人間ではない」と他人に見せかけ、自身もそう思い込みたいのです。

では、他人が悪いのでなければ、いったい誰が悪いのか。なぜ自分は、こんなにもストレスを感じているのか。

怒りを抑圧した人は、自分が他人とうまく人間関係を結べないことの説明ができないので、結局、「自分が悪い」ということにしてしまいます。

それが「自信のなさ」につながります。他人への怒りをごまかす代わりに、「自分に自信がもてないから」ということで、つじつまを合わせようとするのです。

「思い切り他人に怒りをぶつけることができたら、どんなに気分がすっきりすることだろう」と思っていながら、そんな心のうちを他人に悟られることが怖いので、必死でごまかさなければなりません。

「自分は純粋な人間である」という最後の砦《とりで》を死守するために、不本意ながらも怒りを抑圧してしまいます。

自分の心をごまかし、そのもどかしさ、ふがいなさが、自分をよけいに苦しめるのです。

自分に自信をもつための第一歩は、他人への「無意識の怒り」をしずめることです。

まず、「どうして〜してくれないのか」という不満を捨てることから始めましょう。

どうして私の気持ちを判ってくれないのか。どうして私にもっと気を遣ってくれないのか……。

「〜してくれてもいいのに」というごう慢さが、ストレスを生み出します。自分も完璧な人間ではないのに、他人には完璧な優しさを求めてしまっているのです。

親しい友人や家族といえども、「してくれて当然」のことなどありません。

感謝を忘れた人生に喜びはありません。

「まわりの他人が自分を尊重してくれないから、自分は不幸なのだ」という思い込みは、自分の人生の主導権を放棄することであり、実は、他人への屈服、敗北を意味します。

幸せは、当然ながら、自分の心が感じるものです。「はっきりと目覚めた心」をもたなければ、幸せを感じることはできません。

自分の価値は、「他人からどう扱ってもらえるか」によって決まるのではなく、「自分が何を考え、どういう信念に従って、どのような行動をとるか」によって決まるのです。

STEP 26

他人にすぐ腹を立ててしまうときは

あなたの職場の同僚に、不器用で要領が悪い、Aさんという人がいたとします。Aさんの仕事が遅いせいで、あなたは、いつも余分な仕事を抱えてしまい、「同じ給料なのに、不公平だ」と苛立っています。

自分ばかりが損をしているという不満が募り、ついついAさんのことを「のろま」と非難したくなるでしょう。

人が他人を非難するとき、「自分のほうが相手よりも優れている」という思い上がりがあります。

しかし、それは単に「自分と比較して」という問題にすぎないのです。

Aさんの仕事が自分より遅いということだけをとり上げて、Aさんの人格まで否定してしまうのは、短絡的と言わざるをえません。

たしかに、仕事は遅いよりは早いほうがいいに決まっていますが、「仕事が早い人間が優れた人間だ」などと、いったい誰が決めたのでしょう。

効率優先の競争社会というせせこましい概念の中では、それはひとつの利点かもしれませんが、人間の価値はそれだけではありません。もっと重要なことは、ほかにもたくさんあります。

そして、何より忘れてはいけないことは、自分が世界でもっとも仕事が早い人間ではない、ということです。上には上がいるのです。

仮に、自分よりも仕事の早いBさんという人が新しく入ってきたとすると、自分がAさんをバカにしていたように、今度は、Bさんが自分を見下すことになるのです。

「自分より仕事が遅い」という理由でAさんを非難していたのなら、同じ理由でBさんからバカにされても、言い返すことはできません。

他人の欠点を非難する人は、「自分とくらべて相手は劣っている」という狭い視野の中でしかものごとが見えていません。自分を中心にして判断しているにすぎないのです。

しかし、自分だって、もっと優れた人から見れば、同じように非難の対象となるのです。

他人を「気が利かない」と非難する人は、自分よりも気が利く人から「お前は気が利かない」と非難されても、文句を言ってはいけません。

他人を知識が浅いとバカにする人は、自分よりも教養のある人からバカにされても仕方がありません。

そう考えると、私たちは、うかつに他人を非難してはいけない、非難する資格などない、ということに気づきます。

どうしても他人を非難しなければ気がすまない人は、自分よりも優れた人が現れたときには、逆に自分がバカにされても仕方がない、という覚悟を決めるべきなのです。

それが嫌なら、他人にすぐに腹を立て、イライラ、ムカムカする癖は直したほうがよいでしょう。誰しも、お互いさまなのですから。

STEP 27

人生を明るくする方法

いつも「忙しい、忙しい」と不満を言っている人の話をよく聞くと、そのたくさんの「忙しい用事」とは、ほとんどが、わざわざ自分でつくり出したものです。

もしそれらの「忙しい用事」がなくなって暇になれば満足するのかというと、そうではなく、また新しい用事をつくり出すのでしょう。

仕事の用事、他人と会う用事……。「忙しい人」のスケジュール帳は、「しなければならないこと」でびっしり埋まっています。

しかし、それらの予定は、本当は「しなければならないこと」というよりも、「自分から求めているもの」なのです。

自分がお金を稼ぎたいから、または生きがいを感じたいから仕事をしているのだし、他人との良好な関係を保ちたいから人と会っているのです。

貧しくてものんびり暮らしたいと思えば、働きすぎる必要はないのだし、ある人との関係がそれほど重要でないなら、会う必要はないのです。「しなければならないこと」のほとんどは、自分にとって「得」だから、自分で選択しているのです。

その点をはっきり自覚していれば問題はないのですが、「いやいややらされている」と感じてしまうと、大きなストレスとなってしまいます。

仕事がつまらない。嫌いな上司がいるので会社に行きたくない……。ある会社に勤める以上、いろいろ嫌な思いをすることもあるでしょうが、その会社に勤めること自体を誰も強制してはいません。そんな権利など誰にもありません。人は誰でも、職業を選択する自由があるのです。

ほかに条件のいい仕事があるのなら、移ればいいのです。いえ、もしそうなら、文句を言う前に、迷うことなくそうしているはずです。

今の仕事が、現時点では、自分にとって「もっとも条件のよい仕事」なのです。転職しても、待遇がよくなるとはかぎらない。危険を冒すよりも、現状に満足したほうが得策だ。逃げる前に、できるかぎり辛抱してみよう……。自分の頭でそう判断したのではないでしょうか。

自分のために働いているのですから、どうせなら「いかに楽しむか」を考えたほうが得策です。

恋人や友人に不満があっても、「自分が付き合いたいから、付き合っているのだ」という大前提を忘れてはいけません。

本当に嫌なら、自分にとって何の益もないと思うなら、付き合わなければよいのです。

「いやいやながら、仕方なくやっていること」は、本当に仕方のないことなのでしょうか。「しなければならない」と判断したのは、ほかでもなく、自分自身ではないでしょうか。

そうであるなら、それは紛れもなく「自分のために」やっていることなのです。誰かに強制されたわけではなく、自分で選択した結果なのです。

どうせやるなら、いやいややるよりも、楽しんでやったほうが、はるかに人生は明るくなります。

仕事がつまらないのではなく、人間関係が楽しくないのではなく、「いやいややらされている」と思い込んでいるから、楽しくないのです。

嫌ならやめる。やるなら、楽しんでやる。どちらかに決めましょう。

ただし、生真面目な人は、「楽しまなければならない」と無理に自分に言い聞かせてしまいがちですが、それは逆効果です。「疲れたら、また休めばいい」と気楽に考えましょう。

「会社に行きたくない」と、なかなか布団から出られない朝……。

「自分のためにやっていることだ。どうせやるなら、楽しんでやろう」と気持ちを切り替えれば、ずいぶん気が楽になります。

STEP 28

こころの整理整頓

散らかってゴミゴミした部屋の中にいると、何となく心まですさんでしまうような気になります。不要なものを処分し、汚れを取り払ってきれいにすると、気持ちも晴れ晴れとします。

イライラしてストレスがたまったとき、怒りが収まらないときには、ゴミをポイと捨て去ることをイメージして、心を整理整頓しましょう。

他人に腹が立ったときには、その人の顔を描いた紙をクシャクシャと丸めてゴミ箱に捨てる様子を想像してください。そんな心のゴミをいつまでも大事にとっておいていては、イライラ、ムカムカが募《つの》るだけで、何もいいことはありません。

自分の体が透明になったと想像してください。そして、きれいになった胸の中を思い描いてください。部屋を掃除した後のように気持ちがよくなるはずです。

人の心の容量もかぎられています。怒り、不安、劣等感などの汚れたゴミでいっぱいになっていては、喜びや幸せの入り込む余地がありません。

いつも腹を立ててイライラしている人は、「嫌なことばかりが起こっている」のではなく、「嫌なことばかりにとらわれている」だけなのです。心の中が汚れたゴミでいっぱいになっているから、いいこともたくさんあるのに、ゴミに紛れて見えなくなってしまっているのです。

イライラがたまったとき、「他人に怒りをぶつけなければ気がすまない」、「誰かに自分の気持ちを判ってほしい」などと思っていては、なかなか心の整理ができません。

イライラを抑えるということは、「自分の感情を押し殺して我慢すること」だと考えてはいけません。「自分だけが我慢している」という不満から、よけいにストレスが募るだけです。

心のゴミを捨て去るということは、誰のためでもなく、自分のためなのです。自分が心豊かに、毎日を明るく生き生きと過ごすためなのです。

心を汚れたままにしている人は、自分の感情を大切にしていません。自分自身をないがしろにしているのです。

自分で自分を大切にしていないのに、他人からは尊重されたいというのは、虫がよすぎます。まず、自分で自分の心を大切にしなければいけません。

日常の些細な怒りや不安は、ほとんど取るに足らないものです。笑い飛ばしてしまえば、何でもないことです。

つまらないことにいちいち腹を立てる人は、本当は、つまらないことに腹を立てている自分の卑小さに苛立っているのです。それを認めたくないから、「他人が悪いのだ」と思い込もうとして、ますます他人への憎しみがふくらんでしまうのです。

毎日を明るく過ごせる人は、心の掃除が上手な人です。

誰にも、嫌なことは起こります。ストレスをためるかどうかは、嫌なことをいつまでも引きずるかどうかにかかっているのです。

いらないものはさっさと処分して、いつもさっぱりした気分でいたいものです。

第5章

幸福と不幸の境い目はどこにあるのだろう

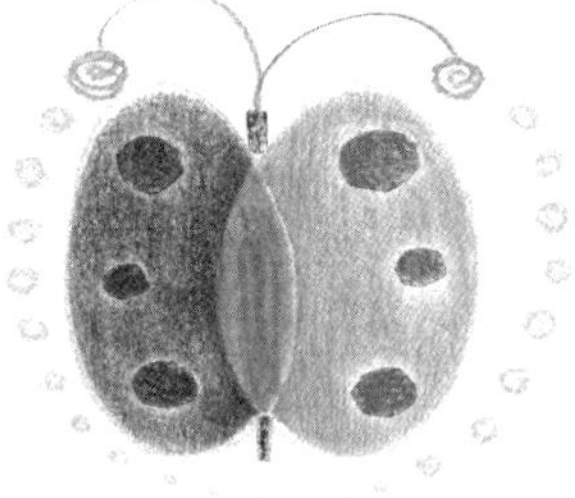

STEP 29

何のために生きているのかわからなくなったら

仕事でクタクタに疲れた体を引きずって、誰もいないアパートに帰り、コンビニの鮭弁当をひとりで食べるとき……「ああ、自分は何のために生きているのだろう」という虚しさをふと感じることもあるかもしれません。

「何のために生きるか」という疑問に悩まされたときは、見方を変えて、「生かされている喜び」に目を向けてください。

あるテレビ番組で、アフリカの奥地で原始的な生活を送っている家族が、日本でホームステイを体験するというものがありました。

招いた側の日本の家族が、焼き肉をごちそうしたのですが、アフリカ人は、「誰が、いつの間にこの肉を手に入れたのか」と目を丸くして驚いていました。

「スーパーで買ってきたのだ」と説明しても、アフリカ人の家族は、まったく理解できません。彼らは、肉を食べるためには、自分たちで狩りに出かけて、獲物を仕留めてこなければなりません。車でスーパーに買い物に行って、数十分のうちに肉を手に入れてくるということが、どうしても信じられないのです。

人は誰も、一日たりとも、自分ひとりの力では生きていけません。

鮭弁当を食べられるのは、鮭を獲《と》ってくれた漁師さんのおかげだし、米を育てくれた農家の人のおかげだし、弁当を工場から店に運んでくれたトラックの運転手さんのおかげです。

たった四百円の鮭弁当にも、数え切れないほど多くの人々の手がかかっています。人々の苦労に感謝し、手を合わせながら食べるだけでも、またひと味違うのではないでしょうか。

もちろん、作物を育ててくれた人も、商品を売ってくれた店の人も、自分がお金を稼ぐために働いています。皆、自分の利益のためにやっていることなのだから、いちいち感謝などする必要はないと思われるかもしれません。

それでもなお、感謝することをお勧めするのは、自分の心が磨かれて、すがすがしい気分になれるからです。自分が生きていることの充実感を味わえるからです。

布団を作ってくれた人がいなければ、自分はふかふかの布団でぐっすり眠ることができなかった。

靴を作ってくれた人がいなければ、自分は外を自由に歩き回ることができなかった。

蛇口をひねれば水がでてくるのも、ガスでお湯を沸かすことができるのも、見えないところで誰かが働いてくれているおかげです。

考えてみれば、自分がきょう一日を生きられるのは、多くの人々が働いてくれているおかげです。誰の世話にもならず、自分ひとりで生きているような顔をして、思い通りにならないと言って不満を並べることの、何と愚かしいことでしょうか。

「何のために生きるか」という答えは見つからなくても、数多くの恵みによって生かされていることへの喜び、感謝を感じるだけでも、充分に生きる値打ちがあるといえるのではないでしょうか。

STEP 30

不運を嘆く前に

たまたま不運な境遇に生まれた人は、たくさんいます。家が貧しかった、親に愛されなかった、身体的欠陥がある……。

しかし、不幸とは、不運な現実そのものをいうのではありません。不幸とは、「自身の不運を受け入れることができず、もがき苦しむこと」をいいます。

人は、与えられなかったものに執着し、劣等感を埋め合わせるために、それを過度に求めてしまいがちです。貧しかった人はお金に執着し、愛を得られなかった人は愛に執着します。

それは、本当の幸せを求めているのではなく、自身の不安をごまかそうとしているにすぎません。

どれだけ走っても、走っても、ゴールは見えず、精神は疲れるばかりです。

人間にとって大切なことは、「位置」ではなく、「向き」なのです。

「自分の人生は、こんなはずではなかった」と、自身の不運を認めることができず、逃げてばかりいる人は、永久に幸福にはなれません。

不運な目にあったときには、そこから逃げようとするのではなく、まず、「こういうことも起こりうるのだ」と、自分の置かれた位置を冷静に認めなくてはなりません。

経験を積み、成長すれば、つらいことや悲しいことがなくなるわけではありません。

どんなに心の豊かな人でも、悲しい目にあうことはあるし、世の中の理不尽に憤慨することもあるし、他人から裏切られることもあります。予期せぬ不運に見舞われ、どん底に突き落とされることもあるでしょう。

しかし、現在の自分の位置がどこであろうとも、自分が望む自分の姿を心に描くことができていれば、迷ったり悩んだりすることはありません。

どれだけ努力しても達成感を得られず、つねに自分に不満を抱いている人は、虚栄心と向上心をはき違えているのです。

不運を不運としていさぎよく受け入れることは、けっして幸福の妨げにはなりません。

「どれだけ高く上ったか」ではなく、「どちらの方向を向いているか」ということに意味があります。

たとえどん底の状態にあっても、自分のあるべき姿が判っている人は、幸せです。

「位置」は変わらなくとも、「向き」を変えるだけで人生は大きく変わります。

世界中の高級料理を食べ尽くして、どんなうまい料理にも舌が満足できなくなってしまった人と、一杯のご飯のありがたみを噛みしめながら食べられる人と、どちらが幸せでしょうか。

本当に幸せな人とは、特別な幸運に恵まれた人のことではなく、「当たり前のことに喜びを感じられる人」のことなのです。

STEP 31

不幸は不幸を呼び、幸福は幸福を呼ぶ

不幸な人は、「自分のまわりの人間は、皆、心が冷たい。他人のせいで、いつも自分は傷つけられ、苦しめられている」と、一方的な被害者意識をもっています。

しかし、不幸な人は、無意識のうちに、自分と同じように不幸な人を求めているのです。不幸な人と付き合っているうちは、自分の心と真剣に向き合うことを避けられるからです。

たとえ相手との関係がうまくいかず、嫌われたり、見下されたりしても、「どうせあいつは、心の冷たい人間だから」という言い訳をしてごまかすことができます。

しかし、幸福な人と付き合えば、そうはいきません。いやおうなく、心の奥に封印していた劣等感を掘り起こされてしまいます。嫌なこと、悔しいことがあっても、相手のせいにすることができず、自分の心と向き合わなくてはなりません。それが怖いのです。

もしあなたのまわりの他人が、「ムカツク」人間ばかりなのだとしたら、それはおそらく、あなた自身が不幸だから、同じように不幸な人間ばかりが寄ってくるのです。

不幸な人間同士で、互いに傷口に触れ合い、「不幸なのは、自分だけではない」という安心感を得ているのです。

どこの社会にも、他人を苛立たせる人間は存在します。逃れることはできません。

不幸な人は、また不幸な人に利用され、傷つけられます。

不幸な人に苦しめられないようにするには、自分自身が、不幸な人から影響を受けないような人間に生まれ変わる以外にないのです。

子供のころ、人間関係においてつらい経験をした人は、皮肉にも、大人になってからも、繰り返し「不幸の追体験」をしてしまうものです。自分の境遇が、あまりにも、受け入れがたいほどつらいものだから、同様の体験をすることにより、感覚を麻痺させようとしてしまうのです。

わざと心の冷たい人間を友人や恋人に選び、傷つき、苦しめられながらも、「どうせ人間なんて皆、冷たいんだ」と、心の片隅では安心しているのです。自分が愛されなかったのは、自分にその価値がなかったからではない、すべて他人が悪いのだ、ということを何度も何度も確認しなければ気がすまないのです。

こうした不幸の悪循環から脱するには、なるべく不幸な人を避け、幸福な人を選んで付き合うようにするほかありません。
不幸な人を見分けるには、だいたい以下の点に着目すれば充分です。

（1）いつも他人の悪口を言っている。
（2）悪いことは何でも他人のせいにしようとする。
（3）仕事でも恋愛でも、「別に好きでやっているわけではない」という態度を見せる。自分の意志や喜びにもとづいて行動していない。

職場や近所の付き合いなどで、不幸な人との接触を避けられない場合もあるでしょう。しかし、物理的に距離を置くことができなくても、「心を煩《わずら》わされない」ようにすることはできます。

嫌なことを言われて腹を立てるのは、「自分から積極的に、その人とかかわろうとしている」ことなのです。不幸な人と、わざわざ好きこのんで、心理的なかかわりをもつことはありません。

乱暴な表現を許していただくならば、「バカにされて腹を立てる人が、本当のバカ」なのです。

他人に腹を立て、批判をしているうちは、自分の劣等感から目をそらすことができます。しかし、いつまでも自分をごまかしていては、不幸の闇から抜け出すことはできません。

まず、「つまらないことに腹を立てるのをやめること」から心の安定を図っていってください。「つまらないこと」で心の容量がいっぱいになっていては、幸福が入り込む余地がありません。

不幸な人は、愛される価値がないのではなく、単に「幸福を見つける能力が劣っている」だけなのです。まわりの環境はまったく変わらなくても、自分を変えることはできます。

幸福な人との関係は、必ず自分を幸福にするのだということを信じて、これまで「不幸な人」によって占領されていた心を、少しずつ、「幸福な人」との関係にシフトしていってください。

STEP 32

今まで気づかなかった幸せに気づくチャンス

生きていれば、うれしいことも悲しいこともあります。当然ながら、誰でも、少しでも悲しみを減らし、喜びの多い人生を送りたいと思っています。しかし、喜びも悲しみも、相対的な問題である、ということを忘れてはいけません。座標軸をどこにとるかによって決まるものなのです。

ほとんどの人は、体の自由を失うことがなければ、自由に歩き回れることの喜びに気づくことはないでしょう。失明してはじめて、目が見えることの喜びをつくづく実感するのでしょう。人は、つらいこと、悲しいことには敏感ですが、見えない幸せにはなかなか気づきません。皮肉なことに、失ってはじめて執着しはじめるのです。

幸せの多くは、ふだん当たり前だと感じていることの中に存在します。

世は不況だ、不況だと誰もが嘆いていますが、これも比較の問題にすぎません。バブル経済のころと比べれば、たしかに景気は悪いですが、現代人は、百年前の人から見れば、夢のように便利で豊かな生活を手に入れています。ところが、それを当たり前と考えているので、ありがたみを感じられないだけなのです。

つらいこと、悲しいことを経験して落ち込んだときには、まず、悲しみに執着することをやめ、視野を広げることが重要です。

座標軸をどこにとろうとも、悲しみがなくなるわけではありません。悲しいこととは、自分なりの幸福の基準との比較にすぎないからです。

それを悲しいと感じるのは、「自分の幸福の基準が高いからだ」とも考えられます。

ひとつ悪いことがあったなら、よいことをみっつ見つけましょう。探せば、いくらでも見つかるはずです。

そして、自分のありあまる幸運に感謝しましょう。必ず心が軽くなります。

つらく悲しい経験をしたときには、今まで気づかなかった幸福に気づくチャンスです。

もし神様がいるとしたら、人が幸福に麻痺してありがたみを感じられなくなったとき、その大切さに気づかせるために、ときどき人に悲しみを与えるのでしょう。

STEP 33

「なぜ報われないのか」と思う前に

正義感と責任感。

言うまでもなく、これらは人間にとって非常に重要なことです。

正義感のない人は、自分が得をするためなら「悪いことをしても、見つからなければよい」と考え、利己的になりがちです。

また、責任感のない人は、自分を守ること、面倒から逃げることばかり考え、自分の怠惰が他人に迷惑をかけているという意識がありません。

正義感と責任感は、一人前の大人として認められるための最低条件でしょう。

しかし、これらは、「確固たる自己」が形成された結果として、自然に生じるべきものです。

「自己」がなく、正義感や責任感だけが強い人は、ただ「堅苦しい人」と思われるだけで、かえってまわりからうとまれ、また自分自身も苦しむことになってしまいます。

自分に自信のない人が、やみくもに正義感や責任感で自分を縛りつけるということは、よくあります。

自己をもたない人にとって、正義感や責任感とは、「他人から批判されないための防具」であり、また、「他人を批判するための武器」なのです。

自分は、会社で与えられた仕事を責任をもってこなしているのに、まったく報われない。

母親として、妻としての務めをきっちり果たしているのに、夫は評価してくれない。

責任感の強い人ほど、激しいストレスに悩まされてしまいます。

何をするにも、自分から進んでしているのではなく、「やらされている」という意識しかないのです。

もちろん、自分に与えられた責任を果たすことは、それだけをとり上げて考えれば、けっして間違ってはいません。絶対に正しいことです。

しかし、理屈では正しいことだからこそ、始末が悪いのです。「自分は間違っていないのに、なぜ報われないのか」という被害者意識、他人への怒りに悩まされてしまいます。

そこで、原点に立ち返り、「何のための責任感か」ということを考え直す必要があります。

責任感それ自体は正しいことなのですから、改めることはありません。

しかし、責任感とは、「自分自身への誇り」の自然な結果として生じるものなのです。あくまで、心豊かに生きるためのものです。

自分の不安をごまかすためのものでも、他人を批判するためのものでもありません。

自分にとっても社会全体にとっても有益であるから、責任感というものは存在するはずです。


責任感がかえって自分を苦しめるなら、やはりその動機が間違っています。

自らの意志で責任感を「もつ」のではなく、「もたされている」という意識しかない人は、結局、「自分だけが我慢している」という不満を抱いてしまいます。


はっきりとした自我に目覚め、自分に誇りをもっている人は、むしろ正義感や責任感というものは、ことさらに意識することなく生きています。

責任感はしっかりと自分の中にとけ込んでいるので、「我慢している」などという意識はさらさらないのです。

STEP 34 人は、楽しむために生きている

以前、新聞か何かのコラムで、次のようなことが書かれていました。

「父親の『家族サービス』という言葉がよく使われるが、このサービスという言い方は、恩着せがましいのではないか」

たしかに、サービスという言葉には、「義務でもないのに、特別にやってあげている」という印象があります。

父親が子供たちと遊ぶのは、当たり前のことであって、サービスでも何でもありません。親子で親交を深め、共通の思い出をつくるのは、子供のためだけではなく、親自身のためでもあるのです。

「そんなにわがままを言う子とは、遊んであげないよ」

「そうやってだだをこねるから、お前は連れてきたくなかったんだ」

子供に何かをしてあげるとき、いちいち「本当はやりたくないのに、お前のためにしてやっているんだ」という態度を示す親がいます。

そういう親に育てられた子供は、他人と行動をともにしているとき、心から楽しむことができません。自分の存在がまわりの人にとって迷惑なのだという誤った観念をもってしまい、つねに「相手は、いやいや付き合ってくれているのではないか」ということを気にかけてしまいます。

友人や恋人と一緒にいても、「どうせ相手は、私のことが好きではないのだ」と自分を卑下してしまう人は、「たまたま自分の親が恩着せがましい人間だっただけであって、世の中のほとんどの人は、そうではないのだ」ということを認識しなければなりません。

あなたと付き合ってくれている人は、まともな人であれば、おそらく「自分の意志で」そうしているのです。

「他人は、私のことが好きではないのではないか」と思うのは、いじらしく相手の気持ちを気遣っているようでいて、実は、自分が傷つくことだけを怖れている、利己的な考え方なのです。

そういう人は、他人のありのままの人間性を認めず、感謝する気持ちもなく、ただ「自分をどう扱ってくれるか」という受け身で打算的な目でしか他人を見ていません。相手への愛情は、「相手も私を認めてくれるかぎりにおいて」という条件つきでしかないのです。

自分が相手を尊重していないから、相手もそうに違いないと勘繰《かんぐ》ってしまうのです。

「どうせ私なんか」とひがんで心を閉ざす人は、心の奥では、「私と付き合いたいのなら、もっと私を尊重し、気を遣いなさい」と要求し、他人を試しています。

他人を憎む気持ちと、他人の気を引きたいという欲求とのはざまで、自己矛盾に苦しんでいるのです。

ある本に、そういう人の心理についての的確な表現を見つけました。

「道を歩いていて、野良犬がついてきたとする。ただついてくるだけなら何とも思わないが、その犬を蹴って追い払おうとしても、なおついてくるなら、本当に慕われているのだということが判って、情がわいてくる」

あなたに悪意がなければ、理由もなく他人から嫌われることはありません。しかし、「他人を試さなければ気がすまない人」と付き合うのは面倒だから避けたいと考える人はたくさんいるでしょう。

野良犬を蹴るたとえのように、わざと他人を拒絶して試そうとする人はまさにそういう態度こそが嫌われるのです。蹴れば、ほとんどの犬は逃げるか、または怒ることでしょう。

人は、不安から逃れるために生きているのではありません。楽しむために生きているのです。

他人を喜ばせるもっともよい方法は、自分が相手との付き合いを楽しむことです。

それだけで充分なのです。

「相手も楽しむこと」まで要求するのは、ごう慢というものです。

自分の幸せを第一に考えるのは、利己的なことではありません。むしろ、自分の幸せを実感できない人こそ、「もっと私を尊重してほしい」、「私の気持ちを判ってほしい」と一方的に要求するばかりで、他人からは迷惑がられるのです。

美しい花を咲かせるためには、まずしっかりと根を張らなければなりません。

「自分が幸せである」という土台がなければ、他人を喜ばせることもできないのです。

STEP 35

依存することをやめれば不安もなくなる

「依存症」と呼ばれる心の病気があります。

アルコールやニコチンなどの依存症は古くから知られていますが、ギャンブルや買い物の依存症というものもあります。

しかし、ギャンブルも買い物も、純粋に楽しんでいるかぎりにおいては、別に問題はありません。家族や周囲に迷惑をかけなければ、自分が稼いだお金をどのように使おうが、その人の自由です。

熱狂的なプロ野球ファンや、車マニアの人なども、自分の楽しみのためなら惜しみなくお金を使います。

依存症との境界線は、どこにあるのでしょうか。

その行為を、もはや楽しみのためではなく、「そうしていないと不安だから」

という理由で行うようになってしまえば、それは依存症だと言えます。

依存症の人は、「依存している自分」が好きではありません。後悔と自責の念にさいなまれるのですが、それでもやめられない、というところが問題なのです。

最近は、「メール依存症」という言葉も聞かれるようになりました。

――つねに携帯電話を持ち歩いていなければ落ち着かない。誰からもメールがこない日は、自分だけが取り残されているようで不安だ。

友人たちと、ただの遊びとしてメールのやり取りを楽しんでいるうちはいいのですが、「そうしないと不安だから」と思うようになってしまっては、依存症だと言えます。

アルコールの依存症と同じように、依存からくる不安を、ますます依存を深めることによって紛《まぎ》らわそうとしても、事態は悪化するだけです。依存している間は、一時的に感覚を麻痺させて不安をごまかすことができますが、その間に病はどんどん進行していっているのです。

「いつもメールのやり取りをしていないと不安」なのであれば、逆に「メールのやり取りをしなくても続く友情」を築くことを考えなければなりません。「携帯電話がなければ疎遠になってしまう友人」は、しょせん、それだけの浅い関係でしかないのです。そんな人にしがみついていても、いつまでたっても不安はぬぐえません。

メールでつながっているだけの友人は、いずれその関係が絶たれるときも、一通のメールで簡単に（あるいは、無視されて）すまされるでしょう。

「毎日メールのやり取りをすることが、友情の証《あか》し」なのだとしたら、二十年前の人たちは、誰も友人がいなかったのでしょうか。

携帯電話のメモリーの数は、その人の交友の広さ、深さとは関係ありません。むしろそれは、「現実の人間関係に感じている空虚さ」の度合いを示しているのです。

つねに異性にすがっていなければ不安を感じる、「恋愛依存症」と呼ばれる人たちもいます。

相手が浮気をしていないかを心配し、どれだけ自分に気を遣ってくれるかということばかり気にして、裏切られることを極端に怖れています。

恋愛というものは、互いに認め合い、喜びや悲しみを共有し、人生を豊かにするためにするものですが、いわゆる「恋愛依存症」の人は、相手を監視し、警戒し、気に入らないことがあると非難するということのためにほとんどのエネルギーを費やし、心の中はいつも疲れ切っています。

そんなにつらいのならやめればよいのに、当人にとっては、依存の対象を失う不安に苦しむよりは、依存することにより苦しむほうが楽なのです。

その依存の深さを愛情の大きさだと勘違いしているから、自分が間違っているなどとはまったく思っておらず、「自分の気持ちを理解してくれない他人」を責めてばかりいます。

ある駅の駅長さんが、トイレでの客のマナーの悪さに困っていました。「トイレはきれいに使いましょう」と貼り紙をしましたが、まったく効果はありませんでした。いくら掃除をしても、すぐに汚されたり、落書きをされたりしてしまいます。

ある人の助言で、貼り紙の文面を「いつもトイレをきれいに使ってくださり、ありがとうございます」というものに変えました。すると、それ以後は皆、トイレをきれいに使うようになったといいます。

人は、「何かを要求するため」に他人と付き合うのではありません。喜びのために付き合うのです。

恋愛にすがっていながらも、不満ばかり感じて、それを楽しいと思えなければ、それはただの依存症なのです。

不満の数だけ要求があります。思い切って、他人への要求を抑えてみてください。これまで見えていなかった喜びに気づくはずです。

要求を抑えるということを、「自分の気持ちを押し殺して我慢する」ことだと考えてはいけません。そこからまた他人への不満が生まれます。

まず自分から積極的に他人を尊重しなければ、自分も他人から認められることはありません。

それは、誰のためでもなく、「自分の幸せのため」なのです。

依存症を治す第一歩は、まずはっきりと「依存している自分」を自覚し、「いくら依存を深めても、絶対に不安は解消されない」という事実を認識することです。

ほとんどの場合、それだけで自然に治ります。

STEP 36

だから、自分はどうしたいのか

人は皆、生きる値打ちがあります。しかし、自分の値打ちを認められずに苦しんでいる人も少なくありません。自分と他人を比べてしまい、自分だけが不幸であるような気になって、疎外感に苦しんでいるのです。

自分に自信のない人は、虚栄心で身を固め、他人に認めてもらうことばかりを強要します。他人に認めてもらうことによってしか、自分のプライドを保てないのです。

しかし、「他人に認めてもらわなければ気がすまない」という考え自体が、すでに他人に心を支配されていることを意味します。自身のプライドを放棄したも同然なのです。

いくら他人から認められることを求め続けても、永久に安心できることはありません。

他人の心を自分に向けさせることばかりにやっきになり、結局、そういう利己的な態度こそが嫌われるのです。

この世で唯一、絶対に信じられる相手は、自分自身です。

自分で自分を信じるしかないのです。

人間の価値を決めるのは、「何がしたいか」と「何ができるか」ということです。

「できないこと」を数え上げれば、きりがありません。

どんなに幸福な人生を送っている人でも、「できないこと」はたくさんあります。しかし、幸福な人は、そんなことは気にかけてもいないのです。

「他人に嫌なことを言われた」、「他人が自分を認めてくれない」といくら悩んでも、何も解決しません。それは他人の問題だからです。

「だから、自分はどうしたいのか」が重要です。

複雑に絡まった心の糸を解きほぐし、シンプルに考えれば、自分の裸の心が見えてきます。自分の心と正面から向き合うのは、ときに勇気がいることです。

自分に自信がもてないという人は、自分と向き合うことから逃げてきた人なのかもしれません。

「自分を認めてくれない他人」を非難し、「どうせ自分なんか」と自己卑下して開き直っていれば、自身の劣等感と直面することは避けられます。

しかし、自信をもつためには、劣等感も含めて自分を受け入れるよりありません。

心がイライラ、モヤモヤしてちらかっているときは、まず、不要なものは捨て去って、心をすっきりさせましょう。

心に必要な栄養素は、「何がしたいか」と「何ができるか」、このふたつだけです。ほかのものはいっさい必要ありません。

自分の心から湧き上がる声に耳を傾けてみてください。

たかた まさひろ
一九七〇年山口県に生まれ、愛媛県で育つ。神戸大学中退。執筆業。メールマガジン「愛する人に愛される方法」を配信。
著書に『3分間で気持ちの整理をするリラックスブック』、『こころがホッとするセラピーブック』（以上、大和書房）がある。
好きな言葉は、「今日は私の残りの人生の最初の日である」。
●著者ブログ「しあわせの約束」
http://www.bestwish.jp/

だいわ文庫

こころのおそうじ。
読《よ》むだけで気持《きも》ちが軽《かる》くなる本《ほん》

著者 たかた まさひろ

二〇一一年九月一五日第一刷発行
二〇一七年二月五日第二九刷発行

発行者 佐藤 靖
発行所 大和《だいわ》書房
東京都文京区関口一—三三—四 〒一一二—〇〇一四
電話 〇三—三二〇三—四五一一

装幀者 鈴木成一デザイン室
本文デザイン 高瀬はるか
イラスト 岡村慎一郎
本文印刷 信毎書籍印刷
カバー印刷 山一印刷
製本 ナショナル製本

ISBN978-4-479-30353-4
乱丁本・落丁本はお取り替えいたします。
http://www.daiwashobo.co.jp